# 제주오름의 인생길

이기동 여행작가

별꽃

# 목차

**내가 살아온 길 가난에서 제주까지**      **11**

1장. 흙냄새 속에 자란 아이      12

2장. 청춘의 군가, 흔들리던 교복의 시간들      20

3장. 세상과 처음 마주한 날들      27

4장. 사회 첫걸음      33

5장. 한솔여행사와 함께한 25년의 시간      48

6장. 제주에서 다시 시작하다      84

## 길 위에서 다시 태어나다 **112**

1장. 히말라야의 품, 안나푸르나 트레킹     114

2장. 마르디 히말과 ABC, 또 다른 하늘을 걷다     132

3장. 낯선 낭만, 동유럽의 시간     149

4장. 서유럽에서 만난 예술과 삶     166

5장. 신들의 땅, 인도 여행기     186

6장. 초원을 걷는 마음 −여행작가들과 함께한 몽골 탐방기     197

7장. 바람에서 눈으로, 중앙아시아의 길 위에서     211

나는 가난했기에 모든 것을 다 가질 수는 없었다.

내가 원해서 세상에 태어난 것도 아니건만 왜 내 인생은 이토록 힘겹고 피곤해야 하는지 수없이 자문했다.

남들은 거침없이 앞으로 나아가는 것처럼 보였다. 일이 술술 풀려나가는 사람들을 보며, 나는 늘 벽에 부딪히고 넘어졌다. 때로는 하늘을 원망했고, 부모를 탓하며 내 불운을 합리화하려고 했다. 하지만 그것이 나를 더 단단하게 만들지는 못했다. 오히려 더 깊은 허무 속으로 빠져들게 할 뿐이었다.

세상은 언제부터인가 부모가 자식을 얼마나 도와주느냐로 좋은 부모, 나쁜 부모를 구분하는 시대가 되어버렸다. 그 잣대 앞에서 많은 이들이 상처

받고, 또 누군가는 상대적 박탈감을 안고 산다.


  그러나 내가 살아낸 시절에는 그런 비교조차 사치였다. 배가 고픈데 철학이 무슨 소용이 있을까. 하루를 버텨내는 것만으로도 벅찬 시절이었다.
  일주일만 굶어보라. 그 상황에서 머릿속에 무슨 고상한 생각이 떠오르겠는가. 사람은 본능적으로 먹고, 버티고, 살아남기 위해 움직일 뿐이다.


  그러나 나는 시간이 흐르면서 깨달았다.
  누구를 원망한다고 해서 길이 열리지 않는다는 것을. 원망하는 그 시간에 스스로를 돌아보고, 부지런히 움직이는 편이 백 번 낫다는 것을.
  살아오며 수많은 사람을 만났다.

함께 일하고, 밥을 나누고, 때로는 헤어졌다. 고용주이기도 했고, 누군가의 동료이기도 했다. 그 속에서 나는 분명한 사실 하나를 배웠다.

가난한 사람은 왜 가난하고, 부자는 왜 부자인지를. 정답은 단순하다. 부지런해야 한다. 생각해야 한다. 정리해야 한다. 그리고 무엇보다, 누구도 탓하지 말아야 한다.


내 길은 결국 내가 가는 것이다. 내가 설계한 대로, 내가 꿈꾼 대로, 내 두 발로 걷는 길이다. 노력하면 모든 것이 다 이루어지는 것은 아닐지라도, 노력 없이는 아무것도 이루어지지 않는다. 때로는 앞이 절벽처럼 막막해 보일 때도 있었다.

"나를 도와줄 사람은 세상에 아무도 없다."

그렇게 절망 속에 주저앉고 싶을 때도 많았다. 그러나 살아오며 깨달았다. 인간 세상은 결코 혼자가 아니라는 것을. 내 곁에는 언제나 귀인(貴人)이 있었고, 손 내밀어주는 이들이 있었다. 그들을 만날 수 있었던 것도 결국 내가 멈추지 않고 걸었기 때문이었다.

이 책은 그 길 위에서 내가 배우고 깨달은 이야기다.

가난과 외로움 속에서도 멈추지 않고, 넘어져도 다시 일어선 사람의 기록이다. 그리고 지금, 이 글을 읽는 누군가에게 작은 위로이자 용기가 되기를 바라는 마음을 담았다.

# 내가 살아온 길
# 가난에서 제주까지

# 1장. 흙냄새 속에 자란 아이

1부 - 내가 살아온 길-가난에서 제주까지

'구석골'이라 불리던 조용한 산골 마을, 충청북도 괴산군 청안면 문방리 2구. 깊은 산줄기와 마을 어귀에 소나무 숲이 울타리처럼 마을을 감싸고 개울물이 계절을 따라 맑게 흐르던 곳, 나는 그 산 끝자락, 자연과 더불어 숨 쉬는 산골 마을에 막내로 태어났다.

우리 집 3남 1녀 중 막내였던 나는, 나보다 먼저 세상을 겪고 배운 누나와 형들의 품에 안겨 웃음을 짓던 작은 존재였다. 형들의 굵은 손으로 내 머리를 쓰다듬던 촉감, 누나가 끓여주던 구수한 된장국 냄새, 그 모든 것이 내 기억 속 첫 번째 고향이었다.

하지만 내 유년 시절은 그다지 오래 평온하지 않았다. 내가 다섯 살이 되던 해 아버지가 세상을 떠났기 때문이다. 너무도 어렸던 나였기에 아버지의 목소리나 걸음걸이 심지어 아버지가 지으셨던 표정들조차 남겨진 기억이 없다. 다만 이웃집의 내 또래 친구는 나의 아버지에 대해 가끔 기억나는 이야기해 주곤 했다.

"너희 아버지는 말이야, 말씀이 많지는 않으셨는데 항상 웃으셨어. 내가 인사를 하면 꼭 머리를 쓰다듬어 주셨어. 따듯한 손으로"

친구가 들려줬던 그 조각, 조각의 기억을 빌려 나는 아버지를 상상하곤

했다. 마음속 어딘가에 아버지의 흔적을 그려보려고 했지만, 그마저도 흐릿해졌다.

아버지가 돌아가시고 우리 가족의 고단한 삶이 시작되었다. 어머니는 네 자식을 홀로 책임져야 했고, 당시 '과부'라는 꼬리표는 세상의 무게를 고스란히 짊어지게 했다. 새벽 동이 트기도 전에 누구보다 먼저 일어나 마당을 쓸었고, 해가 질 무렵이면 산밭에서 일을 하셨다.

품팔이와 남의 집 김장을 도우며 벌어오는 품삯으로 생계를 이어가셨기에, 어머니의 손등은 늘 갈라져 있었고, 등은 구부정했다. 그러나 그 두 눈에는 지치거나 슬픔에 잠긴 기색보다 단단한 결심이 자리 잡고 있었다.

그 시절 나는 가난이 무엇인지조차 알지 못했다. 그저 남들보다 자주 배가 고팠고, 겨울이면 발이 시렸을 뿐이다. 학교에 갈 때는 형에게서 물려받은 옷을 입었고, 신발은 늘 꿰매 신어야 했다. 그러나 어머니는 그 와중에도 자식들을 단 한 번도 굶기지 않으셨다. 된장찌개 한 그릇에 배춧잎 몇 장을 얹은 소박한 밥상이었지만, 그 밥상 위에는 어머니의 모든 정성과 사랑이 담겨있었다.

나는 그저 두메산골의 촌놈이었지만 바로 그 촌놈이 오늘의 나를 만들었다. 화려한 유년은 아니었지만, 고단함과 따듯함이 뒤섞인 기억들은 지금 내 삶을 지탱해 주는 가장 굳건한 뿌리가 되어 주고 있다.

1960년대 말, 한국은 여전히 전쟁의 상흔에서 완전히 벗어나지 못한 채 가난과 결핍 속에서 허덕이고 있었다. 나라 전체가 하루하루를 버티며 살아가던 시기였고, 사람들의 삶에는 여유가 없었다. '행복'이라는 단어는 너무 먼 미래에나 닿을 수 있는 이야기였고, '꿈'이나 '이상' 같은 말은 당장의 끼니를 걱정하는 현실 앞에서 사치처럼 느껴졌다.

그 시절의 부모 세대는 오직 가족의 생계를 책임진다는 단 하나의 목적으로 새벽같이 일어나 어둑한 밤까지 일했다. 아이들은 그런 부모의 뒷모습을 보며 묵묵히 어른이 되어갔다. 나 또한 그 시대 속에서 자라났고, 어린 마음에도 삶이 절대 녹록지 않다는 사실을 배고픔이라는 감각을 통해 매일 체득했다.

그런데 이상하게도 요즘 텔레비전에서 베트남의 시골 풍경이 비칠 때면 마음 한구석이 저릿해진다. 먼지 날리는 흙길, 삐걱거리는 나무 울타리, 장터에서 웃으며 물건을 고르는 사람들. 그 장면들이 낯설지 않고 오히려 정겹게 다가오는 것은, 아마도 내가 자라던 시절의 풍경과 닮아 있기 때문일

것이다. 가난했으나 서로를 바라보는 눈빛 속에는 온기가 있었고, 마당에 핀 작은 채송화 한 송이에도 기쁨을 느낄 줄 알던 때였다.

　국민학교(지금은 초등학교라 부르지만)시절, 나는 학교에 가기 위해 날마다 십 리 길을 걸어야 했다. 아침이면 차가운 이슬이 내려앉은 흙길을 작은 고무신에 묻히며 터벅터벅 걸었다. 도시락은 때로 보리밥에 고추장 한 숟가락이 전부였으나, 친구들과 나누는 그 한 끼는 언제나 따뜻했고 풋풋한 웃음이 가득한 식사였다.

　길가에서는 여전히 소를 몰고 밭으로 향하는 어른들을 볼 수 있었고, 논두렁 옆 개울가에서는 아이들이 맨발로 뛰놀았다. 시골 마을의 풍경은 사계절 따라 다른 색을 입었으나, 변하지 않는 것은 그 속에 깃들어 있던 사람들의 소박한 마음이었다. 봄이면 꽃을 따 머리에 꽂고, 여름이면 손수건 하나로 땀을 훔치며 길을 걸었다. 가을이면 바람에 흩날리는 벼 이삭을 바라보며 돌아오는 길이 유난히 늦게 느껴졌고, 겨울이면 하얗게 얼어붙은 논길을 조심조심 디디며 학교로 향했다.

　그렇게 나는 그 시대를 살았고, 그 시절은 지금의 나를 만든 가장 단단한 뿌리로 남아 있다. 힘들었지만 돌이켜보면 참 따뜻했던 시간이었다. 눈

앞은 캄캄했으나, 마음 한구석에는 언제나 작고 단단한 희망 하나가 자리하고 있었다.

그러나 현실은 녹록치않았다. 국민학교 월사금을 제때 내지 못할 만큼 가난했고, 그 탓에 형님과 누나는 학교에 가고 싶어도 갈 수 없었다. 작은형은 일찌감치 사회로 나가 운전과 정비를 배우며 생계를 꾸려야 했다.

가난 때문에 어린 시절 형제들이 함께 살지 못하고 뿔뿔이 흩어져 지냈으니, 자연스레 형제애도 깊지 못 했다. 시골에서 학교를 마치고 돌아오면 나무하러 가거나, 소 먹일 풀을 준비해야 했기에, 책상 앞에 앉아 공부한다는 것은 거의 불가능한 일이었다.

나는 국민학교 4학년 때 담임선생님으로부터 웅변을 배우게 되었고, 여러 차례 상을 받았다. 중학교에 진학해서도, 군대에 가서도 웅변으로 상을 받곤 했다. 당시 웅변의 대부분은 '공산당이 싫어요'와 같은 반공 구호를 외치며 반공 의식을 고취하는 것이었다. 그 시절 내가 무대 위에서 외쳤던 한 소절이 아직도 기억난다.
"이 연사, 힘껏 외칩니다. 나는 공산당이 싫어요!"

어린 시절, 나는 큰형과 누나와 함께 자주 부딪히며 다투곤 했다. 어머니가 재혼 아닌 반 재혼의 삶을 이어가셨기에 우리 집안은 더욱 힘겨운 시간을 보내야 했다. 더구나 어머니는 아버지를 일찍 여의신 충격 속에서, 신의 계시를 받았다며 주술과 함께 평생을 살아가셨다. 그런데도 어머니는 고된 세월을 묵묵히 견디며 자식들을 키워내셨다.

누나는 어머니를 대신해 집안 살림을 도맡았다. 그래서 공부하고 싶어도 할 수 없었다. 누나가 집안일을 챙기고, 어린 나를 돌봐주었기에 지금의 내가 있는 것이다. 누나 역시 또래 친구들이 학교에 다니는 모습을 보며, 얼마나 배우고 싶어 했을까. 그러나 1970년대의 시골에서 어린 마음에 '가난이 무엇인지, 사는 게 무엇인지' 깊이 생각할 겨를은 없었다. 오직 가난을 벗어나는 것이 숙명처럼 여겨지던 시절이었다.

누나. 우리 누나.
불러보고 마음에 되새길수록 엄마 같은 누나.
지금은 청주에서 편안하게 잘 지내고 계신다.

나는 초등학교 시절, 학교에서 돌아오면 나무하러 가야 했지만, 그 와중에도 공부는 놓지 않았다. 덕분에 중학교에 진학할 수 있었다. 어린 시절은

그저 살아남기 위한 투쟁의 연속이었고, 중학교에 들어가서도 매일 십 리 길을 걸어 다니며 공부를 이어갔다. 당시에는 가난을 벗어나는 유일한 길이 공부라 믿었고, 출세하려면 도시로 나가야 한다고 여겼다.

　중학교 시절, 국어 선생님은 나를 유난히 아끼셨다. 교실 청소 대신 나는 교장 선생님의 묘지 관리가 맡겨졌다. 마침, 그 국어 선생님의 아버지가 돌아가신 교장 선생님이었고, 묘지가 학교 안에 있었기 때문이다. 그 작은 인연 덕분에 선생님은 늘 나를 살뜰히 챙겨주셨다.

## 2장. 청춘의 군가, 흔들리던 교복의 시간들

나는 중학교까지는 시골에서 다녔고, 고등학교는 전북 익산에 있는 국립 전북기계공고에 입학했다.

1975년대 한국은 중화학 공업을 집중적으로 육성하던 시기였다. 나라 전체가 '잘 살아보세'라는 구호 아래 산업화에 매달려 있었고, 기계·전기·화학 같은 기술을 익히는 것이 곧 개인의 출세와 직결되던 시대였다. 당시만 해도 '공고만 졸업해도 대접받는다'라는 인식이 널리 퍼져 있었고, 실제로 정부는 공업고등학교 출신들을 특히 우대했다. 돌이켜보면 그 정책이 없었다면, 지금의 한국이 선진국 반열에 오르기는 어려웠을 것이다.

사실 내 고향 청주에도 공업고등학교가 있었다. 그러나 나는 성적이 좋아 '특차'라는 제도를 통해 전북기계공고에 진학할 수 있었다. 동네 선배가 "좋은 학교니 가보라"고 권해준 것도 있었고, 무엇보다 빨리 기술을 익혀 돈을 벌어야 한다는 현실적인 이유가 컸다. 어린 마음에도 집안 형편을 생각하지 않을 수 없었다.

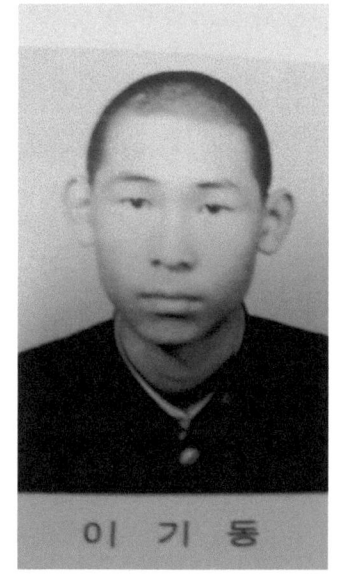

국립 전북기계공고는 전국에서 우수한 학생들을 모아 기계 실습을 중심으로 교육

했다. 아침부터 저녁까지 쇳소리와 기계음이 교정을 가득 메웠고, 교사들은 학생들에게 '현장에 바로 투입될 수 있는 인재'가 되라고 늘 강조했다. 하지만 안타깝게도 내 적성과는 잘 맞지 않았다. 기계 앞에 서면 도리어 마음이 굳어버리는 듯했고, 설계 도면을 들여다봐도 흥미보다는 막막함이 앞섰다. 결국 나는 그 3년을 허송세월처럼 보내고 졸업하고 말았다.

생활 또한 만만치 않았다.

2년 동안은 기숙사에서 살았고, 마지막 1년은 자취를 했다. 기숙사 생활은 그야말로 군대와 다름없었다. 새벽 6시면 기상나팔이 울리고, 밤 10시가 되면 불이 꺼졌다. 등교할 때는 군가를 부르며 줄지어 걸어야 했고, 하교할 때도 마찬가지였다. 수업이 끝났다고 해서 자유가 주어지는 것도 아니었다. 정해진 규율과 일과 속에서 몸과 마음을 단련해야 했던, 빡빡하고 규율적인 시간들이었다.

1970년대 한국은 나라 전체가 가난했고, 개인들도 모두 허리띠를 졸라매고 살던 시절이었다. 살길이 막막한 시대였고, 나 역시 그 안에서 하루하루를 버텨야 했다. 그래서 선택은 대개 현실적인 쪽으로 기울었다.

고등학교 시절 내 친구들은 하나같이 시골 출신의 '촌놈'들이었다. 가난했지만 모두 공부를 잘했고, 시골을 벗어나기 위해 기술을 배우러 전국에서 모여든 이들이었다. 그들 각자의 기대와 가족의 사정이 우리를 기계 교실 앞으로 모았다.

1학년 때에는 여러 기술 분야를 돌아가며 실습했고, 2학년이 되면서 나는 배관과 판금 분야를 전공하게 되었다. 배관과는 용접과 판금, 배관 기술을 집중적으로 배우는 곳이었다. 실습 중심의 교육은 졸업 후 바로 현장에 투입될 수 있는 실무 능력을 길러주었다. 덕분에 재수 시절에는 용접 일을 하며 용돈을 벌 수 있었는데, 그 모든 것은 고교 시절에 쌓은 손기술 덕분이었다.

솔직히 말하면, 기술은 내 적성과 잘 맞지 않았다. 아무리 열심히 연마해도 손에 잘 붙지 않았고, 그만큼 마음속의 갈등과 힘겨움이 뒤따랐다. 3학년 2학기가 되자 친구 중 일부는 먼저 취업해 학교를 떠났지만, 나는 끝까지 남아 수업과 실습을 이어갔다. 결국 판금 자격증 하나를 손에 쥐고 고등학교 생활을 마무리했다. 자격증은 작지만 의미 있는 결과였고, 그동안의 시간을 완전히 허송했다고만은 말할 수 없게 해주었다.

내가 다닌 전북 기계공고는 규모도 컸다. 졸업생만 900명, 전체 재학생은 무려 2,700명에 이르렀다. 취업 시즌이면 회사에서 버스 두 대가 교문

앞까지 와서 졸업생들을 태워 가는 진풍경이 벌어지곤 했다. 그만큼 이 학교는 기술자 양성의 중심지였고, 산업화 시대가 요구하는 인력을 길러내는 현장이었다.

졸업 후, 나는 서울 구로공단의 한 중소기업에 취직했다. 난로를 만드는 공장이었다. 당시 구로공단은 우리나라 산업화의 심장이었고, 수많은 젊은이가 그곳에서 땀 흘리며 미래를 개척해 나갔다. 나도 그 대열에 섰다.


첫 월급은 약 50만 원가량이었다. 지금으로 보면 큰돈은 아닐지 몰라도, 그때는 제법 많은 액수였고 무엇보다 내 손으로 번 첫 월급이라는 사실이 주는 감격이 컸다. 하지만 시간이 흐를수록 마음은 무거워졌다. 기계 앞에 서서 반복되는 하루, 손에 잘 맞지 않는 기술, 그리고 공장의 차가운 공기와 내 호흡이 자꾸 어긋나는 느낌이 들었다. 문득문득 스스로에게 물었다.

"이 길이 정말 내 길일까?"

그 질문은 결국 큰 결심으로 이어졌다. '기술직이 아닌, 전혀 다른 길을 가보자, 다시 공부하겠다'라고 마음먹었다. 재수를 결심한 것은 나 자신에게도 놀라운 도전이었다.


고등학교 시절 나는 실습과 현장에 익숙한 학생이었고, 책상에 오래 앉아 문제를 푸는 일은 낯설고 버거운 일이었다. 하지만 다른 길이 보이지 않앉고, 스스로 길을 만들어야만 했다.

그렇게 나는 다시 책을 잡았다. 낯선 문법과 공식, 지루하고도 길게 느껴지는 독서 시간이 쌓여갔다. 손끝에 남아 있던 쇠붙이 냄새 대신 연필심과 종이 냄새가 스며들기 시작했다. 힘들었지만, 그 과정은 또 다른 성장의 시간이었다. 내가 원하는 삶을 스스로 설계해 보겠다는 의지가, 매일의 작은 습관으로 쌓여갔다.

마침, 서울에는 어머니가 계셨다. 어머니는 많은 말을 하지 않으셨지만, 언제나 곁에서 묵묵히 나를 지켜주셨다. 믿어주시고, 무언의 응원을 보내주셨다. 그것만으로도 큰 힘이 되었다.

생활비는 스스로 감당해야 했다. 나는 용접 기술을 살려 건축 현장에서 아르바이트하고, 틈이 날 때면 남대문 인력시장으로 발걸음을 옮겼다. 추운 겨울 아침, 김이 모락모락 나는 호떡 하나로 끼니를 대신하며 일을 기다리던 기억. 쉽지 않았지만, 공부와 일을 병행하며 나는 조금씩 다시 나를 세워갔다.

그렇게 2년. 길고도 짧은 시간이 흐른 뒤, 드디어 1984년 수원대학교 법학과에 합격했다. 합격 통지를 받아든 순간, 손끝이 떨리고 눈가가 뜨거워졌다. 아무도 모르게 웃으며, 가장 먼저 내 자신에게 속삭였다.

"해냈다. 드디어, 내가 해냈다."

여전히 가진 건 없었고, 삶은 거칠었지만, 그 어느 때보다도 내 인생의 중심에 서 있다는 자각이 들었다. 그것만으로 충분했다.

나는 1961년에 태어났다. 그러나 부모님은 내 나이를 줄여 호적에 1964년생으로 올리셨다. 당시에는 드문 일이 아니었다. 입학 시기를 늦추거나 병역 문제를 고려한 선택이었으리라. 하지만 그 줄어든 세 해는 시간이 지날수록 내 삶에 은근한 그림자를 드리웠다.

어린 시절엔 별다른 생각이 없었다. 또래보다 어려 보이는 친구들과 함께 지내는 것이 당연하게 여겨졌다. 그러나 청년이 되어 사회로 나설 무렵부터는 그 '줄어든 세 해'가 점점 나를 불편하게 만들기 시작했다. 친구들이 하나둘 군에 입대하고 사회에 발을 들이는 동안, 나는 여전히 '법적으로는 학생'에 머물러 있었다. 같은 시간을 살고 있었지만, 삶의 리듬은 늘 어긋났고, 그 어긋남은 내 안에 조급함과 외로움을 차곡차곡 쌓아갔다.

# 3장. 세상과 처음 마주한 날들

재수 끝에 수원대학교 법학과에 입학하면서 드디어 내 인생에도 작은 햇살 하나가 스며드는 듯했다. 걸어온 길이 평탄하지 않았지만, 땀으로 얻어낸 결실이었기에 더욱 값졌다. 그러나 그 기쁨은 오래가지 않았다. 대학 입학과 동시에 입영 통지서를 받았고, 고민할 여유도 없이 군에 입대해야 했다.

나는 기술 특기병으로 선발되어 521 정수 병으로 군 생활을 시작했다. 경기도 연천 지역, 6군단 예하 6공병 여단 132대대가 나의 부대였다. 정수 병은 부대 내 식수와 생활용수 공급을 책임지는 보직이었다. 기계 조작과 수질 관리, 수도 설비 유지까지 맡아야 했으니 나름의 전문성이 필요한 일이었지만, 진짜 문제는 근무 시간 외의 생활이었다.

내가 처음 군문을 넘었을 당시, 군대는 지금처럼 인권이 존중되는 공간과는 거리가 멀었다. 구타와 가혹행위가 일상이었고, 고참의 눈빛 하나에 숨을 죽이며 살아야만 했다. 복종은 당연하고, 침묵이 생존 전략이던 시절이었다. 선임의 말 한마디에 모두가 벌벌 떨었고, 마음속의 자존심과 인간다움은 매일 조금씩 꺾여나갔다.

그럼에도 나는 버텼다. '이 또한 지나가리라'라는 말을 되뇌며 하루하루

를 견뎌냈다. 때론 억울했고, 때론 분노도 치밀었지만, 끝내 자신을 다잡으며 나아갔다. 어쩌면 내 인생의 많은 순간이 그러했는지도 모른다. 앞이 보이지 않는 길 위에서 묵묵히 버티고 기다리는 것, 그것이 내 방식의 용기였다.

어느 날, 선임들에게 흠씬 얻어맞고 우두커니 서 있는데, 어둠 속에서 병장 한 명이 다가왔다. 바짝 긴장한 순간, 그가 내 이름을 불렀다. 고개를 들어보니, 뜻밖에도 고등학교 1학년 시절 같은 반이었던 전북 기계공고 동창이었다. 그는 제대까지 5개월이 남았다며 담배를 하나 내밀었다. 순간 어떻게 행동해야 할지 머릿속이 하얘졌다. 이등병과 병장의 만남이란 본래 어울리지 않는 자리였기 때문이다.

그 만남 덕분에 대기 부대에서의 생활은 한결 수월해졌지만 그럼에도 나는 여전히 하루하루 제대만을 손꼽아 기다리며, 가슴 깊은 곳에 멍울 같은 답답함을 안고 지냈다. 며칠 뒤, 나는 드디어 본격적인 군 생활을 보낼 132대대 삼중대로 배치되었다.

친구의 도움으로 중대 본부에서는 비교적 편하게 지낼 수 있었지만, 이제부터가 진짜 군 생활의 시작이었다. 나는 평일에는 훈련에 참여하고, 주말에는 목욕탕 관리병으로 근무했다. 공병대의 분위기는 엄격했다. 아침

저녁으로 군기를 잡는다며 삽자루로 구타가 이어졌고, 하루가 어떻게 흘러갔는지 모를 만큼 긴장의 연속이었다. 주말에는 목욕탕 관리병이라는 이유로 선임들의 술 시중을 드는 것이 일상이었다. 나 또한 술에 취한 채 주말을 보내곤 했고, 그 끝은 언제나 혼이 나는 것으로 마무리되었다.

군 생활 중 늘 마음에 새긴 말이 있었다. '아무리 힘들어도 국방부 시계는 멈추지 않는다.'

우리 부대는 특이하게도 외곽 근무를 부대 밖에서 섰다. 보초 근무를 나설 때마다 지나치던 신축 빌라 공사 현장이었는데, 그곳에서 경리 일을 보던 한 여자를 알게 되었다.

처음엔 단순히 안부를 묻는 정도였지만, 시간이 흐르며 그 만남은 내게 특별한 기다림이 되었다. 한편, 어머니는 홀로 계셨기에 자주 면회를 오셨다. 매번 먼 길을 마다하지 않고 아들의 얼굴을 보러와 주셨지만, 면회가 끝난 후 혼자 돌아서는 어머니의 뒷모습을 바라볼 때면 내 마음은 무겁고 쓸쓸해졌다. 그럴 때마다 그녀는 말없이 내 이야기를 들어주었고, 따뜻한 미소로 위로가 되어주었다. 그녀는 내 군 생활 속에서 한 줄기 햇살 같은 존재였다.

제대 후 복학했지만, 등록금이 없어 학자금 융자를 받아 학업을 이어가야 했다. 열심히 공부했음에도 실력은 더디게 늘었고, 생활은 늘 빠듯했다. 어머니는 서울의 한 사찰에 머무르시며 병약한 몸을 이끌고 계셨고, 나는 자취를 하며 학업과 생계를 병행했다. 주말이면 아르바이트로 용돈을 벌었지만 궁핍한 삶은 여전했다. 대학 친구들이 부모와 함께 안정된 생활을 하는 모습을 보며, 나도 언젠가는 저런 삶을 살 수 있을까 하는 막연한 갈망만이 가슴속에 남았다. 열심히 공부하며 신분 상승의 꿈을 키웠지만, 현실은 쉽게 바뀌지 않았다.

# 4장. 사회 첫걸음

1991년 2월, 나는 대학을 졸업 했다. 캠퍼스를 떠나는 마음은 설렘과 두려움이 뒤섞여 있었 다. 사회에 첫발을 내디딘다는 기대와, 그 너머에 무엇이 기다 리고 있을지 알 수 없는 막막함. 그러나 그 모든 감정을 안고서 도 나는 단단한 마음으로 세상 을 마주하고자 했다.

졸업 후 곧장 한 중소 유통회사에 취직하며 사회인으로서 첫걸음을 내디 뎠다. 월급은 많지 않았지만, 매일 아침 정장을 차려입고 출근하는 길은 자 랑스러웠다. 선배들 곁에서 하나씩 업무를 익혀가며, '열심히 하면 길이 열 린다'라는 믿음을 품고 살았다.

그러나 그 시간은 오래 가지 않았다. 입사한 지 1년도 채 되지 않아 회사 가 부도를 맞으며 순식간에 무너져 내렸다. 어수선한 사무실, 흩어지는 동 료들, 하루아침에 사라진 일상. 처음 마주한 사회의 냉정한 현실 앞에서 나 는 적잖이 흔들렸다.

멈춰 설 수는 없었다. 뜻이 맞는 동료들과 상의 끝에, 우리가 거래하던 업체를 인수해 직접 사업을 시작하기로 했다. 자본도, 경험도 부족했지만, 청춘이라는 무기가 있었다. '어떻게든 해보자'라는 패기 하나로 낮에는 거래처를 뛰어다니고 밤에는 정산하며, 잠을 줄여가며 일에 매달렸다. 그러나 현실은 냉혹했다. 자금은 빠르게 바닥나고 매출은 기대에 미치지 못했다. 몇 차례 고비를 버텨내려 애썼지만 쉽지 않은 일이었다.

계절이 차갑게 기울어가던 무렵이었다. 나는 어머니가 계신 절에 들렀다가 우연히 한 여인을 만났다. 첫인상은 조용하고 단정했다. 낯선 도시, 낯선 얼굴들 속에서 이상하게도 그녀만은 낯설지 않았다. 차를 마시며 잠시 마주 앉았을 뿐이었지만, 그 짧은 순간 안에 알 수 없는 깊은 정이 스며들었다.

우리는 자주 만나지는 않았지만, 시간이 지나 결혼을 했다. 아이들이 우리에게 주는 소소한 행복은 이루 말할 수 없이 좋았다.

남자아이들이라 강하게 키워야 한다는 내 욕심으로 자연휴양림, 오토캠핑장으로 체험학습을 다니며 낯선 환경에 잘 적응할 수 있도록 도왔다. 그래서 그런지 아이들은 잔병치레 없이 잘 자라주었다.

초등학교 때부터 지리산 종주, 설악산, 눈 쌓인 한라산 백록담까지…

2000년 초에는 중국에 유학을 보내려고 친구 가족과 함께 현지 답사까지 갔지만, 아이들이 싫다고 해서 마음을 내려놓았다. 나는 아이들에게 더 넓은 세상을 보여주고 싶은 마음만 컸다. 그 이후로 아이들에게 아낌없는 나무가 되어주려고 부단히 노력했다.

그러던 어느 날, 오랜만에 작은형을 만났다. 막걸리 한 잔을 기울이던 자리에서 형이 불쑥 말했다.

"야, 우리 차량용역 한번 해보는 게 어때?"

처음에는 실감이 나지 않았지만, 그 제안은 내 인생의 전환점이 되었다.

차량 용역이란 개인 버스 기사들을 학원에 연결해 주고 그 대가로 수수료를 받는 일이었다. 나는 학원 원장들을 직접 찾아다니며 버스 기사들을 소개했고, 학생들의 통학 수송을 중개했다. 말 그대로 '매치메이커' 같은 역할이었다.

생각보다 일이 잘 풀렸다. 수익도 쏠쏠했고, 무엇보다 무너졌던 자신감을 조금씩 되찾기 시작했다. 버스를 타고 아이들이 웃으며 손을 흔드는 모습을 볼 때면, 나도 그 안에서 다시 살아가는 기분이 들었다.

한 달, 두 달… 그렇게 하루하루가 제자리를 찾아가기 시작했다. 여전히 고단하고 불안한 나날이었지만, 최소한 '나는 아직 끝나지 않았다'라는 확신만큼은 붙들 수 있었다.

당시 우리나라 전세버스 제도는 허가제였다. 관청의 허가를 받아야 전세버스 사업을 할 수 있었고, 조건이 까다로워 진입 장벽이 높았다. 그러나 1994년부터는 등록제로 전환되면서, 일정 요건만 충족하면 누구나 전세 버스업에 참여할 수 있게 되었다. 그 결과 시장은 급격히 혼탁해졌다. 전세버스 회사에 소속은 되어 있으나 본인 명의 차량을 구매해 일하는 '지입 차' 기사들은 일거리를 구하지 못해, 용역회사를 통해 일을 받아야 했다.

형과 나는 각각 1천만 원씩 투자해 문정동에 사무실을 얻고 용역 회사를 시작했다. 나는 영업을 맡았고, 형은 차량 수배를 담당했다. 영업은 어렵지 않았다. 사설 유치원, 입시학원, 미술학원 등 차량을 필요로 하는 곳은 어디든 찾아갔다. 그 시절 학원에서 자체 차량을 구매해 운영하는 경우는 드물었다. 지금도 규모 있는 학원이라면 차량과 기사 관리의 어려움 때문에 직접 운영하기 쉽지 않을 것이다.

형은 어릴 적부터 차량 관련 일을 하는 이들과 교류가 많아 수배 과정에 능숙했다. 나 또한 하루하루 새로운 사람을 만나며 세상을 넓혀가는 것이 즐거웠다. 한 곳 거래처를 개설하면, 그 원장이 친구 학원을 소개해 주며 차량을 의뢰하는 경우도 많아지면서 일이 점차 늘어날 때의 기쁨은 이루 말할 수 없었다.

어느 날, 비가 촉촉이 내리던 오후. 영업이 신통치 않아 풀이 죽은 채 사무실에 들어서니, 형이 지인과 이야기를 나누고 있었다. 내년에 이천에 전문대학이 신설된다는 소식이었다. 전문대학이 문을 열면 차량 수요가 급증할 터였다. 설렘이 가득했다. 지인이 돌아간 뒤, 형과 나는 곧장 이천으로 향했다. 실제로 세 채의 건물이 건설 중이었고, 재단 사무실이 강남에 있다는 경비원의 이야기를 들을 수 있었다. 우리는 서둘러 돌아와 마음을 굳혔다.

"내일은 내가 직접 재단 사무실을 찾아가 영업을 시작해야겠다."

이번에는 단순히 차량을 연결하는 수준이 아니라, 내가 직접 차량을 구매해 대학생들의 통학을 맡을 계획이었다. 그럴 경우 더 큰 이익이 남고, 직원을 고용해 규모 있는 사업으로 키울 수 있었다. 많은 생각이 스쳐 그날 밤은 쉽게 잠들 수 없었다. 하늘은 노력하는 자를 버리지 않는다. 누구보다 부지런하다면, 스스로 길을 개척할 수 있다.

다음 날 아침 10시, 나는 마침내 강남의 ○○알로애 재단 사무실을 찾아 갔다. 나는 뚜렷한 계획이 있는 것도 아니었다. 다만 부딪히고, 인사하고, 차량 운행 계획을 설명하는 것뿐이었다. 당시 행정실에서도 버스 운행에 대해 확정된 것은 없었고, 단지 계획만 가지고 있는 듯했다.

재단 사무실을 나서며 나는 마음속으로 다짐했다.
"어떤 난관이 오더라도 반드시 계약을 성사시키겠다."
사무실에 돌아와 형에게 자세히 보고했을 때, 나의 결심은 더욱 굳어졌다.

1995년 6월 무렵부터 나는 3~4일 간격으로 재단 사무실을 계속 찾았다.

행정실장을 만나 인사만 하고 나오기도 했고, 때로는 사소한 일을 도와주며 친분을 쌓아갔다. 그렇게 석 달쯤이 흘렀을 때, 마침내 행정실장과 함께 있던 자리에서 재단 이사장과 우연히 마주치게 되었다. 그 자리에서 행정실장이 버스 운영 계획을 즉석에서 보고하며 나를 소개해 주었다. 이사장은 내게 몇 가지 질문을 던진 뒤, 미소를 지으며 "행정실과 잘해보라"라는 말을 남기고 떠났다.

그 순간의 감격은 이루 말할 수 없었다. 온몸이 감전된 듯 움직일 수가 없었고, 그저 "감사합니다, 감사합니다"라는 말밖에 나오지 않았다. 사무실로 돌아와 형에게 전하자, 형 역시 눈시울을 붉혔다. 아직 계약이 체결된 것은 아니지만, 그 자리에서 사람으로서 인정받았다는 사실만으로 벅찼다. 중견기업인 모 알로애 재단과 누구의 소개도 아닌 내 힘으로 접촉해 여기까지 왔다는 것이 꿈만 같았다. 시간이 흐르면서 버스 운영에 대한 세부 계획이 구체화되었고, 나는 어떻게 이 일을 완수할 것인가를 밤낮으로 고민했다.

1996년 3월, 학교는 720명의 신입생을 모집했고, 13대의 차량이 필요하다는 결론이 났다. 관광버스 10대와 자가용 3대를 투입하기로 학교와 협의가 이루어졌다. 문제는 내게 차가 한 대도 없었다는 점이었다. 모든 차량을 임차해 운영해야 했는데, 이는 결코 쉬운 일이 아니었다. 의욕만 앞서 있었고,

경험 부족으로 인한 실수가 곳곳에서 드러났다. 수습하려 애썼지만, 상황은 녹록지 않았다. 법학을 전공했음에도 운수 사업법조차 제대로 숙지하지 못한 채 학생 수송에만 몰두했다.

그러던 어느 날, 여주지청에서 공문이 날아왔다. 운수 사업법 위반으로 출두하라는 내용이었다. 청천벽력 같은 소식이었다. 우리는 용역 회사일 뿐, 직접 차량을 관리하거나 매표를 할 수 없었다. 그러나 자가용을 동원해 학생을 수송한 행위 자체가 불법 영업으로 간주했다. 심지어 담당자는 학장을 소환해야 한다고까지 말했다. 불과 몇 달 만에 계약이 파기될지도 모른다는 두려움에 앞이 캄캄해졌다.

형과 나는 깊이 고민한 끝에 담당자를 찾아가 잘못을 인정하며 간절히 호소했다. "학장만은 소환하지 말아 달라." 그 이후 나는 매일 여주지청을 찾아갔다. 아침에 인사드리고, 점심 무렵 다시 얼굴을 비추고, 저녁에 또 들렀다. 특별히 할 일은 없었다. 그저 인사하고 밖에서 담배를 피우며 시간을 보냈다. 그렇게 열흘쯤 지났을까, 담당자가 먼저 점심을 같이 먹자고 했다. 식사 자리에서 나이를 묻더니, 자기 막냇동생과 동갑이라며 "방법을 찾아보자"라고 말해주었다. 그 순간의 기쁨은 말로 다할 수 없었다.

그러나 시간이 지나도 법적 문제는 완전히 해결되지 않았다. 마침내 학교 측도 사건을 알게 되었고, 학장이 나를 학장실로 불렀다. 학장은 나와 동갑이었고, 나는 그 앞에서 더더욱 작아질 수밖에 없었다. 행정실장은 조심스럽게 말했다.

"계약은 유지하겠습니다. 대신 관광회사를 설립해 통학을 맡으십시오."

관광회사를 어떻게 설립해야 하는지조차 알지 못했다. 눈앞에는 학생 수송이라는 현실적인 과제가 있었고, 2학기를 어떻게 운영해야 할지 막막하기만 했다.

형과 상의한 끝에 형이 급히 관광회사를 설립했다. 차량은 지입 차 10대를 확보해 안성에 '한솔 관광'을 세우고, 1996년 9월부터 영업을 시작했다. 당시 관광회사 설립 요건은 까다로웠다. 차고지를 자가 또는 임차로 확보해야 했고, 정비업소와 계약을 맺어야 했으며, 대형 차량 10대를 보유해야 등록할 수 있었다. 누군가의 도움이 없었다면 불가능했을 일을, 우리는 불과 석 달 만에 마무리했다. 드디어 '정식 관광회사 사장'이 된 것이다.

하지만 현실은 녹록지 않았다. 회사 이름은 있었지만 실제 차량은 한 대도 없었다. 학교 매표 수수료와 지입료로만 운영하다 보니 항상 자금난에 시달렸다. 나는 다시 영업에 나섰고, 학교 매표와 차량 관리는 형과 직원들에게 맡겼다.

마침, 이듬해 개교 예정인 안성의 한 전문대학에서 연락이 왔다. 이미 거래 중인 대학 행정실장의 소개 덕분이었다.

솔직히 미안한 마음이 앞섰다. 그동안 나는 행정실장에게 제대로 보답한 적이 없었다. 뇌물은커녕 밥 한 끼 대접한 것이 전부였는데 이렇게까지 신뢰를 보여주니 감사하면서도 송구스러웠다. 그때 나는 깨달았다. 세상은 스스로 돕고자 열심히 살아가는 사람에게 반드시 누군가 손을 내밀어준다는 사실을.

97년 새로 문을 여는 전문대학은 모든 절차가 수월하게 진행되었다. 3월

개강에 맞춰 차량 10대가 필요했고, 이미 계약된 다른 대학에서는 20대가 더 필요했다. 형과 나는 현대자동차에 차량 5대를 발주했다. 자금은 부족했고, 대출에 의존해야 했으니 버겁기에 그지없었다. 사업은 커졌지만, 실제 수입은 늘지 않고 지출만 불어났다.

우리는 새벽 5시부터 하루를 시작했다. 아침에 각 학교를 챙기지 못하면 관리가 어려웠기 때문이다. 나는 통학버스뿐 아니라 관광버스 영업도 넓혀야 했다. 그래야 수익을 낼 수 있었다. 마침, 장호원에 있는 한 전문대학에서 문의를 했다. 우리 운영 실적을 듣고 먼저 연락을 준 것이었다. 학생 수가 많아 무려 20대의 차량이 필요했다. 98년도 1학기부터 계약을 체결하니, 우리 회사가 운행해야 할 차량은 50대에 이르렀다. 하지만 실제 보유 차량은 30대 남짓이었다. 형은 지입 차 모집에, 나는 사무실 인력 충원에 총력을 기울였다. 작은형의 큰아들을 사무실에 합류시켜 나와 함께 영업을 뛰었다.

그 시절의 삶은 마치 쉴 틈 없이 굴러가는 바퀴 같았다. 바빴지만 동시에 참 신났다. 하루하루가 새로운 이야기로 채워졌고, 매일이 다른 빛깔로 다가왔다. 몸은 늘 고단했지만, 마음은 오히려 충만했고, 가슴은 두근거렸다.

'한솔 관광'이라는 이름으로 전세버스를 등록한 것은 1996년 9월이었다.

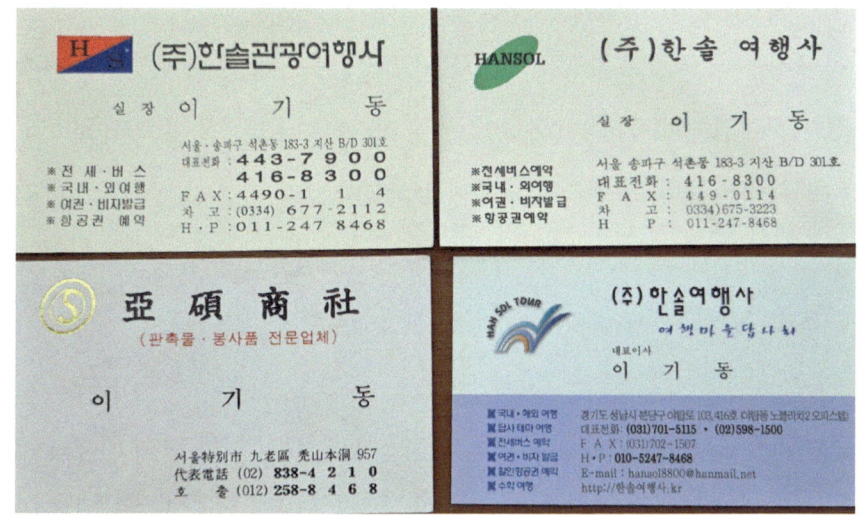

그때만 해도 단지 꿈꾸던 그림이었을 뿐, 현실은 험난했다. 그러나 나는 한 걸음, 또 한 걸음을 성실히 내디뎠다. 잠을 줄이고 발로 뛰며 대학과 여행사를 찾아다녔다. 만나는 사람 한 명, 한 명에게 진심으로 다가갔다. 그렇게 쌓아온 신뢰 덕분에 통학버스 계약은 늘었고, 단체 관광 문의도 들어오기 시작했다.

정문 앞에서 학생들을 태우고 내리던 셔틀버스에서 시작해, 지방 도시로 향하는 수학여행 버스, 교직원 연수와 기업 워크숍까지. 일이 하나둘 늘어날 때마다 나는 마치 장난감을 모으는 아이처럼 설레고 벅찼다.

3년 반이라는 시간은 결코 짧지 않았다. 그러나 지나고 보니 너무도 빠르게 흘러갔다. 그 사이 차량은 50대로 늘었고, 작은 사무실은 직원들로 채워졌다. 주차장에 빼곡히 늘어선 버스들을 바라보며, 나는 '참 멀리 왔구나'라는 생각에 잠겼다. 그 풍경이 나에게 속삭였다.

"수고 많았다. 잘 해내고 있어."

그 순간만큼은 누구보다 나 자신이 자랑스러웠다.

1998년에는 처음으로 해외 단체 관광을 시도했다. 형과 함께 태국으로 손님들을 인솔해 다녀온 것이 시작이었다. 해외 단체 여행이라니, 나조차도 믿기지 않을 만큼 벅찬 도전이었다. 출국장에 들어설 때는 손님들보다 내가 더 설레었다. 이국의 하늘 아래에서 우리 회사 이름을 걸고 첫 여행을 시작했을 때, 그것은 단순한 여행이 아니었다. 내 인생의 새로운 지평이 열리는 순간이었고, 그간의 노력이 결실을 보는 자리였다.

그 무렵 나는 늘 뛰었고, 늘 생각했고, 늘 움직였다. 쉬는 날은 거의 없었다. 그런데도 이상하게 지치지 않았다. 모든 게 새로웠고, 살아 있다는 감각이 충만했다. 더 멀리 갈 수 있다는 확신이 뿌리처럼 마음에 내려앉았다.

돌아보면, 그 시절은 내 인생에서 가장 열정적이고, 가장 부지런했던 때였다. 그 시간이 있었기에 지금의 내가 있다. 한 땀 한 땀 쌓아 올린 그 나날들은 내게 '일이란 무엇인가?', '사람과 신뢰는 어떤 가치를 지니는가?'를 가르쳐 준 가장 값진 교과서였다.

# 5장. 한솔여행사와 함께한 25년의 시간

새삼 동업이 참 힘들다는 것을 느꼈다. 어릴 적 형과 같이 어울려서 살지 못하고 일찍 헤어져 살았기 때문에, 다른 사람들처럼 형제애가 많지 않았던 탓인지 형이 동업 정리 결정을 쉽게 한 것 같은 기분이 들었다.

나는 전세버스에 대해 잘 알지 못했고, 힘든 일들이 닥치고 어떤 난관들이 닥쳐와도 헤쳐나가자고 다짐했다. 이제는 형을 떠나서 혼자 기업을 경영해야 하는 시간이 왔다고 생각하자, 형과의 관계를 원만하게 하고 헤어져야겠다고 느꼈다.

우리는 형제이기도 하지만, 형 덕분에 버스 일을 했었기에 항상 형에게 고맙다는 생각이 있었다. 그렇기에 앞으로의 계획을 세워 형과 의논하기로 했다. 형도 흔쾌히 내 생각을 받아주고 도움을 줬다. 이제 형과 동업한 지 4년 만에 헤어지는 시간을 시작해야 했다.

동업을 정리하기로 합의하고, 1999년 5월, 나는 새로운 회사 설립했다. 상호는 '한솔여행사', 차량은 22대 그중 직영차 2대를 이전하기로 합의했다. 학교 통학은 내가 관리하기로 하고, 비교적 관리가 쉬운 큰 학교와 통

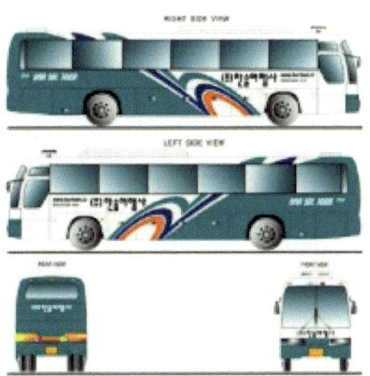

근 업무는 형이 맡기로 했다. 모든 것을 12월까지 반반씩 정리하기로 최종 이야기했다.

2000년 1월, 한솔여행사는 본격적으로 영업을 시작했다. 잠실에서 양재동으로 사무실을 옮기고, 전세버스와 국내외 답사 여행 영업을 동시에 진행했다. 직원이 부족해 집사람에게 경리 일을 맡기고, 나는 배차와 영업 직원 모집을 책임졌다. 이제 모든 결정을 내가 내려야 했고, 한눈을 팔면 회사는 문을 닫고 나는 다시 실업자가 될 수도 있다는 생각에 몸이 저릿했다.

기존 영업망 덕분에 사업은 비교적 순조롭게 시작했지만, 차량 관리가 매우 힘들었다. 나는 아침 5시 차고로 출근해 직원들과 인사를 나누며 하루를 시작했다. 일주일이 순식간에 지나가 어느새 토요일이 오면, 산악회 차량 영업을 위해 등산을 다녔다.

설악산 한계령에 새벽 3시에 도착해 플래시 불빛만 의지해 대청봉까지 오르고, 설악동으로 하산해 집에 돌아오면 일요일 밤 10시였다. 다음 날 아침 5시 출근이 기다리고 있었지만, 정신은 오히려 맑았다. 그렇게 5년 이상을 반복하며 주말 업무가 잘 자리 잡게 되었다.

그러나 직원 관리 문제는 해결되지 않았다. 이직이 잦았고, 한쪽을 정리하면 다른 쪽에서 문제가 생기는 일이 반복됐다. 배차 담당자가 차량을 제때 배차시키지 않아 아침마다 사무실은 시끄럽고, 차량 관리가 제대로 되지 않았다. 초보였던 나는 결국 아내에게 배차와 경리 업무를 맡기기로 결심했다.

그런데 예상치 못한 후폭풍도 찾아왔다. 작은형과 정리하는 과정에서 큰 형도 한솔여행사로 합류했는데, 형은 이전에 한솔 관광에서 학교 통학 버스를 운영하던 경험을 바탕으로 자신만의 방식으로 일하려 했다. 기사들 사이에 불화를 조장하고 집사람과도 잦은 충돌을 일으켰다. 형제끼리 서로 돕는다는 것이 얼마나 중요한지 새삼 깨닫는 순간이었다. 결국 형이 다른 회사로 옮기며 분리되었지만, 그 후폭풍은 생각보다 컸다.

해외 담당 직원 한 명이 있었는데, 갑자기 가정 문제를 이유로 직장을 그만둔다고 했다. 며칠 뒤, 한 통의 전화가 걸려 왔다. '해외여행 예약한 고객인데 태국으로 2주 후 출발이라 담당자와 통화를 원한다'라 는 내용이었다. 처음에는 어안이 벙벙했다. 그만둔 직원을 수소문해 저녁에 집을 찾아가 이야기를 들어보니, 중간에 예약금을 유용한 것이었다. 기가차 말문이 막혔다. 다행히 예약은 되어 있었고, 잔금은 사무실에서 대납해 여행 행사를 무사히 진행할 수 있었다.

이 사건을 계기로 다시 한번 직원 정리를 하기로 했다. 영업 겸 관리직 한

명과 경리·배차를 맡은 집사람 한 명, 그리고 여직원 한 명으로 최소한의 체계를 만들었다. 차량 관리는 내가 외부 정비사와 협력해 직접 관리하면서 내실을 다지기로 했다. 외형상 보기 좋게 하는 것보다 내실이 단단해야 모든 일이 안정적으로 돌아간다는 것을 그때 깨달았다.

한솔여행사 설립 초기부터 나는 국내 답사 여행 프로그램, 일명 '여행 마을'을 운영해 왔다. 주말여행 모집 광고를 조선·동아일보에 실으면 곧바로 인원이 채워졌다. 12월 31일 출발해 1월 1일 해돋이를 보는 코스를 처음 출시했는데 40명이 참가했다. 코스는 국화도 일몰·일출, 대호 방조제, 개심사, 서산 마애 삼존불 등으로 구성되었다.

출발은 순조로웠지만, 겨울 바다에 태풍이 자주 부는 것을 깜빡하고 바다 코스를 선택한 실수가 있었다. 장고항에 도착하니 배가 태풍으로 출항할 수 없었다. 참가자들을 어디에 재워야 할지 막막한 상황이었다. 하지만 세상은 어려울 때 혼자 살아가기 힘들지만, 귀인은 항상 옆에 있다는 것을 다시 느꼈다. 저녁 식사 자리에서 식당 사장님이 어렵게 숙소를 구해주셔서 코스를 바꾸어 여행을 마쳤다. 비록 처음 시도한 여행은 실수투성이였지만 다행히 투어를 무사히 잘 마쳤다.

국내 여행 모집은 전세버스를 활용해야 가능했기 때문에 실수를 딛고 여행 마을을 지속했다. 여행이 계획되면 늘 설레었고, 밤잠을 설친 적도 많았다. 전세버스와 여행은 불가분의 관계다. 떠나는 곳에 교통수단이 없으면 여행 자체가 불가능하기 때문이다.

주 업무는 대학교 통학이었지만 초중고 학생들의 현장 학습과 수학여행도 병행했다. 나는 모든 영업을 진두지휘했고 차량 운영은 현장 관리자에게 맡겼다.

2000년대 초반 운전사들은 상당히 개성이 강했다. 어렵게 살다가 대형면허를 취득한 운전사들이 많았고, 말도 많았다. 나는 '직원들이 하는 말은 반은 믿고, 반은 믿지 말라'는 마음으로 직원들을 관리했다.

한솔여행사 설립 후 직영 차량 5대를 증차했다. 개인차주 의존에는 한계가 있다고 판단했기 때문이다. 사람의 속은 겪어보지 않고서는 알 수 없었다. 입사 2년 정도 된 40대 기사 한 명이 있었는데, 외모도 깔끔하고 성실히 차량을 운행했다. 연비 절약에도 능했고, 운행 차량을 직접 탑승해 보니 그의 성실함을 확인할 수 있었다. 에어컨을 끄고 언덕을 오르는 등 세세한 관리가 연비 절약에 큰 도움이 된다는 사실도 직접 경험했다.

2003년 봄, S 경찰서에서 운수 사업법 위반 신고가 접수되었다며 출두하라는 지시가 내려왔다. 나는 법을 위반한 적이 없었기에 당황했지만, 경찰서로 향했다. 당시 나는 S 경찰서가 운영하는 어려운 이웃을 돕는 육성회 회원으로 활동하고 있었다.

조사 내용은 한솔여행사 직원이 지입 차를 사용해 영업했다는 신고였다. 지입 차를 운수사업에 사용하면 원칙적으로 불법이지만, 관습법상 여전히 활용되던 현실이었다. 형사과장이 나를 조용히 불러, '기사와 합의하고 사건을 정리하자'라고 제안했다. 나는 합의서를 제출하겠다고 하고 직원을 만났다.

그런데 사직서를 며칠 전에 제출한 직원은 나를 보자, "당신네 회사 무너뜨리려고 한다"라며 허위 세금계산서와 지입 차 목록 등 법 위반 사항을 상세히 알고 있는 증거를 들이밀었다. 나와 함께 간 기사도 말문이 막혔고 나는 어떻게 해야 할지 막막했다. 그를 설득하는 것은 결코 쉬운 일이 아니었다.

나는 형사과장을 찾아가 기사가 신고한 위반 사항과 신고한 기사가 조폭 출신인 점, 대화가 통하지 않고 오직 회사를 무너뜨리려 한다는 사실을 상세히 설명하며 도움을 요청했다. 그때 내 심정은, 솔직히 말해 '소리 없는 총이라도 있으면…' 하는 극한의 분노가 느껴질 정도였다. 지금 생각하면 그 기사도 지금은 고인이 되었지만, 당시에는 피도 눈물도 없는 사람처럼 보였다.

법률 조언을 받아 조서를 작성하고 사건은 S 경찰서에서 검찰로 이송되었다. 얼마 후 검찰 출두 지시가 내려왔다. 태어나 처음 검찰청에 들어서며 느낀 감정은, 죄가 없음에도 죄인이 된 듯한 답답함이었다. 검찰에서는 직원의 신고 내용과 회사 운영 실태, 고용 관계 등 법적 사항을 자세히 확인했다. 그 과정에서 검찰 담당자는 "왜 이런 사람을 고용했냐, 회사 운영에 필요한 법을 똑바로 배우고 경영하라"는 일침을 주었다.

결국 운수 사업법 위반 사건은 벌금 500만 원으로 종결되었다. 사업 시작 3년 만에 맞닥뜨린 최대 난관이었고, 정신적으로 큰 고통을 겪은 사건이었다. 그러나 이 사건을 통해 사업에서 사람을 잘 구별하는 것이 사업 성공에 중요하다는 큰 교훈을 얻었다.

조폭 출신 기사가 허위 세금계산서와 지입 차 목록을 알고 있었던 것은, 결국 나의 '욕심과 필요'에서 비롯된 실수였다. 전세버스 업계에서 차량 증차 문제는 단순히 숫자를 늘리는 것이 아니라, 사람의 삶과 운명을 함께 책임지는 일이었다. 한 대의 차량을 늘리는 것이 곧 누군가의 생계가 되고, 그만큼의 책임이 내게 돌아온다는 사실을 절실히 깨달았다.

그때 나는 마음이 급했고, 일은 끊이지 않았으며 차량은 늘 부족했다. 현실은 이상과 다르게 흘러갔다. 1년 전, 지인의 소개로 개인 지입 차 한 대를 증차했는데, 겉으로는 성실해 보였던 차주가 실제로는 도박과 핑계를 일삼았다. 더 큰 문제는 그가 조폭 출신 기사와 손을 잡고 불법적 수익을 챙기려 했다는 사실이었다.

나는 그 사이에서 '이용당한 사람'이 되어버렸고, 하루에도 몇 번씩 '왜 그때 확인하지 않았을까?' '왜 믿었을까?'라며 자책했다.

시간이 흐르면서 점차 진실이 드러났고, 그들이 어떤 수법으로 나를 이용하며 해를 끼쳤는지도 구체적으로 알게 되었다. 하지만 이미 지나간 시간은 돌이킬 수 없고, 그 대가는 내가 치러야 했다. 사건을 겪으며 나는 '욕심은 늘 화를 부른다'라는 분명한 교훈을 확실히 얻었다.

아무리 일이 많고 차량이 부족해도, 그 자리를 채우는 것은 숫자가 아니라 사람이라는 것. 그리고 그 사람을 볼 때는 겉모습이나 말이 아니라 그의 삶과 행동을 보아야 한다는 사실을 뼈저리게 깨달았다.

이제는 그때의 실수를 되풀이하지 않기 위해, 한 걸음씩 더디더라도 신중하게 움직인다. 차량을 늘릴 때도, 사람을 들일 때도, 그리고 자신의 마음을 다잡을 때도, 늘 '욕심'이라는 단어를 되새기며 살아간다. 그 모든 경험은 내 인생의 값진 수업이 되었고, 지금은 나를 지켜주는 방패가 되었다.

이별이란 참 좋은 것 같다. 그런 사람들과 죽을 때까지 헤어지지 않고 살아간다면, 그것은 인생이라 할 수 없을 것이다. 모든 사람에게 이별이 없다면, 언제까지 만남을 유지할 수 있을까?

나는 '여행쟁이'이다.

정신적으로 힘든 일을 겪고 나니, 차량 증차보다는 여행쟁이로 살아가는 편이 더 낫다는 생각이 들었다. 국내 여행 답사를 주마다 출발시키면서,

친구들과 함께 '산길 산악회'를 구성
했다. 지인과 친구들이 모여 한 달에
두 번 전국의 산하를 누볐고, 친구가
산악 대장을 맡고 나는 운영 주체로
서 산악회를 이끌었다.

　오랜만에 친구들을 만나기도 했
고, 죽어서나 볼 수 있을 줄 알았던
친구들과도 소주잔을 기울일 수 있
었다.

　2005년 6월 장마가 본격적으로 시작되던 어느 날이었다. 하늘은 아침부
터 짙은 잿빛 구름을 머금고 있었고, 공기는 눅눅했으며, 빗줄기는 쉬지 않
고 쏟아지고 있었다.

　그날은 예정되어 있던 오대산 소금강 산행이 있는 날이었다. 평소 같았
으면 '이런 날씨에 무슨 산행이냐'라며 취소했을 텐데, 이상하게도 그날은
모두가 한마음으로 움직였다. 아마 그때 함께한 사람들 사이에는 단순한
산행 이상의 무언가가 있었던 것이 아니었을까.

　우리는 진고개 휴게소에 도착했다. 신기하게도 잠시 빗줄기가 잦아들었다. 사람들 사이에서는 '이 정도면 갈 수 있겠다'라는 분위기가 피어났다. 마치 자연이 우리에게 시간을 허락해 주는 듯한 느낌이었다. 우리는 주저하지 않고 출발했다. 소금강으로 내려가는 코스는 약 4시간 남짓. 길지 않은 산행이었지만, 산의 리듬을 느끼기엔 충분한 거리였다.

그러나 출발한 지 얼마 지나지 않아 하늘은 다시 본색을 드러냈다. 산 중턱에 다다를 무렵, 빗줄기는 다시 억수처럼 쏟아졌다. 바람은 비를 몰아치듯 산등성이를 휘감았고, 우리는 그대로 장대비 속으로 들어섰다. 비옷은 무용지물이었다. 비닐 우의든 방수 자켓이든 모두 소용없었다. 속옷까지 흠뻑 젖는 것을 막을 길이 없었다. 전신이 물에 잠긴 듯한 상태였다.

그런데 이상하게도, 아무도 투덜거리지 않았다. 오히려 그 상황 자체를 즐기는 듯한 분위기마저 감돌았다. 물기를 머금은 흙길은 미끄럽고 힘들었지만, 그 길 위에서 우리는 오히려 더 많이 웃었다. 어쩌면 사람은 가끔 삶에 흠뻑 젖어봐야 살아 있다는 감각을 느낄 수 있는지도 모른다. 몸은 축축하고 무거웠지만, 마음은 오히려 이상하게도 가벼웠다.

산행을 마치고 소금강 아래로 내려왔을 때 모두가 진이 빠진 상태였다. 옷과 신발은 흠뻑 젖어 질퍽했다. 그 상태로 우리는 주문진 어시장으로 향했다. 해산물 냄새와 비릿한 바다 내음이 뒤섞인 그곳에서 비로소 우리는 '사람 사는 곳'의 기운을 다시 느꼈다.

시장 한구석 허름한 포장 천막 아래 자리를 폈다. 몸은 젖었고, 얼굴엔 피곤이 묻어 있었지만, 상 위에 차려진 생선회 한 접시와 소주 한 병이 모든 걸 보상해 주었다. 회는 신선했고, 소주는 빗물보다도 더 시원했다.

우리는 젖은 몸으로 잔을 기울였고, 빗물과 소주, 그리고 바다 내음이 섞인 회 한 점을 입에 넣었다. 지금도 그 맛이 아직도 기억이 선명하다. 그것은 단순한 '맛'이 아니었다. 고생 끝에 마주한 위로였고, 함께 젖은 사람들과 나눈 연대감의 맛이었다.

밖에는 여전히 비가 쏟아지고 있었다. 다시 관광버스에 올랐을 때, 옷은 여전히 축축했고 앉은 자리마다 물기가 배어났지만, 버스 안은 금세 따뜻한 열기로 가득 찼다. 앞자리에서는 누군가 마이크를 잡고 구성진 옛 가요를 불렀다. '돌아와요 부산항에'가 흘러나오면 자연스레 박수가 터져 나왔고, 복도에서는 누군가가 엉덩이를 씰룩이며 관광춤을 추었다. 빗속의 피로는 웃음으로 바뀌었고, 노래는 추억으로 쌓여갔다. 그 순간만큼은 모두가 시간을 잊고 있었다.

그날의 장맛비, 그날의 소금강, 그날의 회 한 점과 소주 한 잔 그리고 구성진 노래와 웃음소리까지. 모두가 어우러져 내 인생의 한 페이지가 되었다. 젖은 옷은 마르지만, 그날의 감정은 아직도 내 마음속에 선연하다.

시간이 아무리 흘러도 그런 날은 잊히지 않는다. 그날은 단순한 산행이 아니었다. 그것은 인생이라는 산을 잠시 멈춰 서서, 뒤를 돌아보며 한 모금 숨을 들이쉰, 소중한 시간이었다.

2007년, 한솔여행사는 양재에서 성남시 분당구 야탑으로 사무실을 이전하였다. 단순한 사무실 이전이 아니라 차고지까지 안성에서 성남으로 옮기며, 운수사업 법상 등록도 함께 변경한 큰 결정이었다. 성남의 한 관광회사 사장이 차고지를 소개해 주신 덕분에 순조롭게 이전할 수 있었는데, 그때 차고지를 매입하지 않고 임대로 사용하게 된 것이 지금까지도 아쉬움으로 남는다.

1996년부터 2007년까지는 안성에 차고를 두었고, 증차가 필요할 때마다 안성을 오가는 일이 쉽지 않았다. 이 글을 통해 성남 관광회사 사장님께 다시 한번 깊은 감사의 마음을 전한다.

대학교 통학 차량 운행은 학생회와의 계약을 기반으로 이루어졌기에 매년 계약을 유지하는 일이 매우 어려웠다. 연말마다 학생회가 교체되면서 새로운 학생 대표와 다시 협상을 진행해야 했고, 때로는 다른 운수회사가 인맥을 동원해 계약을 가져가려 하거나, 노선버스 업체가 새 노선을 만들어 통학 운행을 방해하기도 했다.

그럼에도 한솔여행사는 2002년까지 이천에 있는 대학, 2004년까지 안성에 있는 대학의 통학 차량을 운영했다. 2003년부터는 S 전자 수원 사업장의 통근 차량을 운영하면서 회사 운영에 큰 어려움은 없었고, 겨울철에는 이천 J 스키장 셔틀을 운행해 비수기 없이 전 차량을 가동할 수 있었다. 나는 영업을 모든 일의 최우선에 두었고, 계약을 성사시키기 위해 끈기 있게 사람을 만나 좋은 인상을 남기려 부단히 노력했다.

2000년 여름, J 스키장 광장에서 대규모 록 페스티벌이 열린다는 소식을 들었다. 스키장 측 담당자와 평소 교류가 있었던 덕분에 행사 교통 운영을 맡게 되었는데, 그 결과는 놀라웠다. 처음에는 단순한 여름 음악 축제 정도로 여겼으나, 행사 개요서를 받아본 순간 생각이 완전히 달라졌다. 2박 3일간 약 1만 2천 명의 관람객이 몰리는 대규모 행사였고, J 스키장은 대중교통 접근성이 떨어지는 지역이었기에 전세버스 운행의 중요성은 매우 컸다.

운송은 단순히 사람을 실어 나르는 일이 아니라, 현장을 통제하는 일이

다. 행사 2주 전부터 버스 대수, 운전기사 배치, 차량 동선, 정류장 위치, 우천 대비까지 매일 실무 회의가 이어졌다. 그러나 철저한 준비가 곧 원활한 운행을 보장하지는 않았다.

행사 첫날, 서울 강남·잠실·노원·수원 등지에서 출발한 셔틀버스는 이미 술기운이 잔뜩 오른 젊은이들로 가득했다. 승객들은 기타, 텐트, 돗자리, 간이의자 등으로 한가득 짐을 싣고 있었고, 차안은 이삿짐을 옮기는 듯한 풍경이었다.

기사들에게는 "트렁크에 짐을 좀 실어달라", "자리 바꿔 달라"는 요청이 쉴 새 없이 이어졌다. 게다가 예상보다 심한 교통 체증으로 도착 시간은 계속 지연되었고, 기사들의 무전기에는 거친 숨결이 섞인 긴급 보고가 이어졌다.

이튿날부터는 본격적인 불만이 터져 나왔다. "버스가 왜 이렇게 늦냐", "어제는 바로 왔는데 오늘은 왜 경유하느냐"라는 항의부터, "30분 넘게 기다렸다"라는 불평까지, SNS에는 불만 글이 올라오고 주최 측에도 항의 전화가 빗발쳤다. 그때마다 나는 주최 측과 긴밀히 연락하며 상황을 조율했고, 기사들에게는 음료수와 간식을 챙겨주며 사기를 북돋았다. 술에 취한 승객들이 기사에게 욕설하거나 난동을 부리는 일도 있었지만, 기사님들의 인내와 헌신 덕분에 단 한 건의 사고 없이 모든 운행을 마칠 수 있었다.

행사의 마지막 날, 해가 저물 무렵이었다. J 스키장 광장은 하산하는 인파로 다시 혼잡해졌다. 모두가 지치고 땀에 젖은 얼굴이었는데, 그때 한 승객이 다가와 조용히 말했다.

"아저씨, 고생 많으셨어요. 안전하게 태워주셔서 감사합니다."

그 한마디에 나는 순간 하늘을 멍하니 올려다보았다. 별빛이 총총히 떠 있었고, 3일간 1만 2천 명을 실어 나르며 무너질듯했던 내 마음이 그 별빛처럼 다시 살아나는 듯했다.

그때 깨달았다. 버스 운행은 단순히 사람을 이곳에서 저곳으로 옮기는 일이 아니다. 그들이 기대하는 경험과 기억까지 안전하게 실어 나르는 일이다. 나는 그 여름의 J 록 페스티벌에서 그것을 배웠고, 이후 3년간 같은 행사를 책임 있게 수행할 수 있었다.

성남으로 이전한 뒤에는 대학 통학버스를 완전히 정리하고 S전자 통근버스 운행에 전력을 다했다. 첫 운행은 동대문 노선에 차량 5대를 투입하는 것으로 시작되었다. 회사의 운행 실적을 평가받은 뒤 2년이 지나 문제가 없다는 인정을 받자, 양재 노선에 10대가 추가 배정되었다. 담당자는 환한 웃음으로 "내년에는 더 증차할 수 있으니 열심히 해달라"는 격려를 건넸다. 나 역시 20대를 운행하기 위해 최선을 다하겠다고 다짐했다.

2010년경, 한솔여행사는 S 전자 통근버스 25대를 운영하였으며, J 스키장 겨울 운행과 초·중교 현장학습, 수학여행, 여행 마을 답사회, 산악회 등 다양한 일을 맡아 안정적으로 회사를 이끌고 있었다. 작은형과 갈라설 때는 두려움과 막막함이 컸지만, 다시 회사를 안정시키고 하나씩 일을 진척시키며 성실히 살아가야겠다는 다짐을 이어가고 있었다.

회계와 세무 같은 숫자와 관련된 업무는 오래전부터 믿을만한 지인에게 맡겼다. 경험도 풍부하고 손도 야무진 분이어서 수수료만 제때 챙겨드리면 문제없이 처리해 주셨다. 덕분에 10년 넘게 한 번의 사고 없이 사업을 이어올 수 있었다.

그러던 어느 시린 겨울 아침, 사무실로 한 통의 공문이 날아들었다. B 세무서에서 세무조사가 나온다는 통지였다. 10년 넘게 아무 문제 없이 운영해왔는데, 느닷없는 일이었다. 더욱 의아했던 것은 사업장이 분당에 있음에도 다른 지역 세무서에서 조사가 나온다는 점이었다. 거래처도 연고도 없는 지역이었기에 담당자에게 전화를 걸어 확인했다.

담당자의 설명은 이러했다.

"겨울철 일반 운행 실적이 '0'으로 잡혀 있어, 누락 신고 여부를 조사하게 되었습니다."

사실 한솔여행사의 겨울은 전 차량이 J 스키장 운행에 투입되는 시기다. 모든 운행은 정식 계약과 세금계산서를 통해 처리되며, 일반 전세버스 대여는 구조적으로 불가능하다. 따라서 겨울철 일반 운행 실적이 0인 것은 지극히 정상적인 상황이었다. 그러나 세무 당국은 이를 세금 누락의 가능성으로 보았다. 억울한 마음이 들었지만, 조사 대상 레이더망에 '걸렸다'라는 생각을 할 수밖에 없었다.

세무조사 담당자가 "세무회계는 어디에서 관리하고 있습니까?"라고 물어 나는 곧장 오랜 기간 함께해온 세무사의 이름과 연락처를 전달했다. 자료는 명확했고, 기록은 체계적이었다. 그 순간만큼은 '그래도 평소에 제대로 관리해 둔 것이 다행이다'라는 안도감이 들었다.

이후 자료를 정리해 제출하고 성실히 조사에 응했다. 세금 누락은 전혀 없었고, 문제 역시 발견되지 않았다. 다만 세무조사라는 절차 특성상, 명백한 하자가 없어도 일정한 세금은 내야 한다는 점을 새삼 배우게 되었다.

이번 일을 겪으며 나는 다시금 깨달았다. 세상은 늘 예상치 못한 방향에서 파고든다는 것을. 그리고 아무리 성실하고 일반적인 일상이라 해도 누군가의 시선에서는 '의심'으로 보일 수 있다는 것을. 그러나 중요한 건 흔들리지 않는 마음이다. 내가 걸어온 길에 부끄러움이 없다면, 그 무엇도 오래 흔들 수는 없다.

S 전자 통근버스를 운영하면서, 나는 여러 회사 대표와 교류하게 되었다. 간헐적으로 친목 모임이 열렸고, 그 자리에서 S 전자 담당자와 애로사

항을 논의하기도 했다. 한 달에 한 번은 골프 모임을 겸해 친교를 다지기도 했는데, 그 과정에서 나 역시 골프를 배우고 다양한 선배 사장들과 어울릴 수 있었다. 대부분이 나보다 10년 이상 먼저 회사를 운영해 온 이들이었다.

S 전자 통근이라는 같은 길을 가는 모임이다 보니 겉으로는 친목이 좋아 보였지만, 속내를 들여다보면 각자 이해관계가 달랐다. 지입 차를 운행하며 허황한 꿈을 꾸는 사장들도 있었고, 특히 당시 총무가 S 전자를 직접 드나든다는 이유로 누구보다 많은 혜택을 본다고 여러 사장이 수군거리곤 했다. 그러던 중 총무가 운영하던 회사가 부도가 나면서 차들이 분산되었고, 나 역시 그 덕분에 통근버스를 추가로 받게 되었다. 문제는 총무 자리를 새로 맡을 사람이 없었다.

친목 모임은 매달 회비를 따로 내지 않았지만, S 전자에서 무료로 통근버스 주차장을 빌려주었기에 그 공간을 활용해 수익을 냈다. 대당 주차비를 책정해 걷었는데, 200대 가까운 차량이 모이다 보니 수입이 상당했다.

그때가 내가 S 전자 통근버스를 운영한 지 6년쯤 되었을 무렵이었다. 회원들은 자연스럽게 나를 새로운 총무로 지목했다. 당시 나는 젊고 모임에서 제일 어린 축에 속했었는데, 지금 돌아보면 벌써 선임이 되어 있다.

 총무를 맡고, 살펴보니 그동안의 운영 장부조차 남아있지 않았다. 전임 총무는 부도로 도피 중이라 연락도 닿지 않았다. 그래서 나는 회원 명단을 새로 정리하고, 수입·지출 장부를 만들어 투명하게 관리했다. 총무가 되고 나서 처음으로 제주도 여행을 계획하고, 골프 모임도 만들어 친목을 다졌다. 여행 기획은 내 본업이었기에 어렵지 않았다.

 하지만 문제는 단합이었다. 기사 출신으로 회사를 운영하는 사장들이 많다 보니 의견이 쉽게 모이지 않았다. S 전자 운행 요금을 인상하자고 강하게 주장해도, 뒤에서는 사측에 고자질하는 이들이 있었다. 아무리 "우리 모두 단합해야 함께 잘 살 수 있다"라고 강조해도 현실은 늘 그렇듯 말처럼 쉽지 않았다.

통근 요금 인상을 강력히 주장하면, 뒤에서 S 전자 측에 불평을 전하는 사람도 있었고, 단합의 필요성을 거듭 강조해도 뜻이 모이지 않는 경우가 많았다. 폐쇄적으로 회사를 운영하고, 기사 교육이나 서비스 개선을 외면한 채 현상 유지에만 급급한 회사는 결국 부도를 맞았다. 실제로 S 전자 통근버스를 운영하는 회사들 가운데 매년 한두 곳은 계약이 종료되면 버티지 못하고 무너지는 모습을 보아왔다.

나는 기사들에게 늘 이렇게 말했다.

"버스는 단순히 사람을 태우는 게 아니다. 진짜로 움직이는 건 '신뢰'다. 신뢰는 네가 어떻게 행동하느냐에 달려 있고, 그것이 결국 네 삶을 바꾼다."

그래서 매달 첫 월요일 새벽 5시 30분에 차고에서 직원 조례를 열었다. 차량 일반 점검, 실내 청결, 그리고 승객을 맞이할 때 반드시 미소로 "어서 오십시오"라고 인사할 것을 강조했다. 지금은 카카오톡 공지를 활용해 전달하지만 기본 원칙만은 변하지 않는다. 전세버스 업계는 기사들의 태도 하나에 따라 일거리가 늘기도, 줄기도 한다.

야유회나 예식장, 산악회 등의 운행 전세를 보내면, 어떤 기사는 승객이 내리기 전에 미리 트렁크를 열어두고, "사장님, 오늘 즐거운 하루 되십시오!" 하며 밝게 인사한다. 복장도 단정하고 말투도 공손하다. 그런 기사들의 주머니는 운행이 끝날 무렵 묵직하다.


그 모습을 보며 확신했다. 돈은 단순히 땀에서 나는 것이 아니라 태도에서 비롯된다는 사실을. 같은 시간, 같은 노선, 같은 손님을 태우고도 수입이 달라지는 까닭은 결국 사람이 사람을 대하는 방식의 차이였다.


우리에게 주어진 시간은 모두에게 공평하다. 그러나 그 시간을 어떻게 쓰는가, 사람을 어떤 마음가짐으로 대하는가에 따라 하루가 달라지고, 결국 인생 전체가 달라진다. 사장으로서 나는 매일 그 사실을 목격했다. 그래서 내 마음속에 깊이 새긴 교훈은 이것이다.

"가난은 환경에서 비롯되는 것이 아니라 태도에서 시작되고, 부는 운에서 오는 것이 아니라 마음가짐에서 비롯된다."

관광버스에 40명이 탑승하면 그 안은 인간사를 압축해 보여주는 작은 사회가 된다. 나는 그곳에서 사람과 인생을 배우면서 오늘까지 회사를 지켜왔다.

버스를 움직이는 건 엔진이지만 사람을 움직이는 건 마음이다. 그 마음이 진실할 때 비로소 '팁'이 생기고, 그 팁이 쌓이면 삶의 여유가 만들어진다. 그리고 그 여유가 사람의 인생을 품위 있게 만든다. 나는 그 사실을 수많은 기사의 뒷모습에서 배웠다.
그래서 지금, 이 글을 쓰는 오늘, 비로소 이렇게 말할 수 있다.
"나는 전세버스를 굴리며, 사람을 배웠다."

나는 S 전자 출퇴근 버스 협의회에서 총무로 3년, 회장으로 4년을 지냈다. 그리고 지금까지 23년 동안 S 전자 통근버스를 운영해 왔다. 한 자리에 10년을 버티기도 힘든데, 나는 그 길을 23년간 걸어왔다. 특별한 비결은 없었다. 단지 정석을 지키는 것뿐이었다. S 전자가 요구하는 사항을 기사들에게 정확히 전달하고, 그 전달이 지켜지는지 직접 점검하며 항상 부지런히 움직이는 것. 그것이 내가 가진 전부였다.

내가 벌어들인 돈을 흥청망청 쓰고 직원들 앞에서 술만 마시며 게으르게 사는 사장들은 머지않아 부도가 났다. 실제로 가까운 지인도 회사가 무너져 결국 내 기사로 들어와 먹고사는 것을 지켜보았다.

나는 언제나 이렇게 믿고 산다.

"내가 할 수 있는 최선을 다한 뒤, 운명은 하늘에 맡기면 된다. 사람을 끝까지 버리지 않는 것이 세상이 돌아가는 이치다."

하지만, 일터에서의 단단함과 달리, 가정사에서는 늘 허전함이 있었다. 형제들과의 관계는 서먹했다. 정다운 대화보다는 갈등이 더 많았다. 명절에도, 아버지 기일에도 형 집에 잘 가지 않았다. 사람들은 나를 냉정하다 했지만, 그 자리에 가면 마음이 더 아팠기 때문이다. 어머니가 형들 때문에 받는 스트레스, 그리고 늘 푸념만 늘어놓는 형제들을 보는 게 고통스러웠다.

"배우지 못해서 세상이 힘들다."

그 말은 늘 변명처럼 들렸다. 내 어머니는 서른여덟 젊은 나이에 홀로 서셨다. 남편을 앞세우고 삼남 일녀의 자식을 등에 업은 채 세상과 맞서야 했다. 아버지가 세상을 떠나자, 집안 어른들은 어머니를 몰아세웠다.

"저 여자는 아이들을 제대로 키울 수 없어."

"저 집안은 망했다."

할머니도, 큰아버지도, 작은아버지도 어머니를 집에서 내쫓으려 했다. 하지만 어머니는 단 한 치도 물러서지 않았다.

"자식만은 두고 가지 않겠다."

그 결연한 눈빛을 나는 아직도 생생히 기억한다. 그날의 어머니 얼굴은 내 인생의 등불이 되었다.


어머니는 평생 마음의 병을 안고 사셨다. 삶의 고단함 속에서 신에게 기도하며, 세상과는 단절된 듯 조용히 지내셨다. 겉으로 보기엔 평범한 노인이었지만, 나는 알고 있었다. 그 내면에는 평생 치유되지 못한 상처가 자리하고 있었다는 것을. 그리고 그 고통을 자식에게 들키지 않으려 평생을 버티며 사셨다는 것을.


나는 어머니를 10년 가까이 모셨고, 마지막 3년은 요양병원에서 지내셨다. 그 세월 동안 어머니는 하루도 빠짐없이 내 이름을 불렀다. 아침에는 해 뜰 무렵, 저녁에는 해가 질 무렵마다 나를 위해 기도하셨다.

어머니는 나를 볼 때마다 먼저 눈물이 맺히곤 했다. 그 눈물이 서러움 때문이었는지 아니면 기도가 응답받는 순간이었는지, 나는 아직도 그 의미를 다 알지 못한다.

2015년, 어머니는 아버지 곁으로 떠
나셨다. 그날 이후로 나는 삶의 어느
순간을 둘러봐도 어머니의 기도가 여
전히 남아 있음을 느낀다. 그 기도 덕
분에 내가 이 자리까지 올 수 있었고,
그 사랑 덕분에 누구보다 강하게 살아
올 수 있었다. 어머니는 말없이 모든 것을 견디신 분이다. 그분의 삶은 슬
펐지만 존엄했고, 무너질 듯한 세월 속에서도 자식을 지켜낸 위대한 여성
이었다.


나는 명절 때 형의 집에 가지 않았다. 그 대신 아내와 함께 세계 곳곳을
여행했다. 회사에서 매달 주유대금을 결제하며 쌓인 포인트를 항공 마일
리지로 적립했고, 그 덕분에 대한항공과 아시아나의 마일리지를 활용해
명절 전후 3박 5일 일정으로 아시아와 대양주를 자주 여행할 수 있었다.


여행은 늘 자유 일정이었다. 항공은 마일리지로 예약하고 현지 숙소와
일일 투어는 직접 찾았다. 호텔에서 여유롭게 쉬기도 하고 때로는 골프를
치며 내 방식대로 여행을 즐겼다. 그러나 아내는 늘 여행을 마냥 즐기진 않
았다. 운동을 좋아하지 않는 성향 탓인지 여행에 끌려가는 듯한 분위기였

다. "갈 데가 없으니, 명절에 간다."라는 식의 말이 자주 오갔고, 여행 중에는 사소한 다툼이 생기기도 했다. 그럼에도 우리는 늘 여행을 떠났고, 다투면서도 결국 함께 돌아오곤 했다.

부부는 싸우며 정이 든다. 정이 없다면 다툼조차 하지 않는다. 아이들이 중, 고등학생이 되면서 해외여행을 함께 가자고 해도 선뜻 나서지 않기에, 이제는 부부만의 여행이 되었다. 2012년 군부 정치로 자유로운 여행이 쉽지 않았던 미얀마를 다녀왔다. 그 여정을 짧게나마 여행 일지로 남겨본다.

## 10월 1일 ~ 10월 6일 - 미얀마 양곤 부부의 여행 기록

### 1일 차 - 출발의 설렘

공항이라는 공간은 늘 사람을 경건하게 만든다. 수많은 목적지, 수많은 사연이 교차하는 출국장 앞에서 나 역시 가벼우면서도 묵직한 설렘을 안고 있었다.

인천에서 양곤까지 5시간 20분의 여정이 시작되었다. 창밖은 황금빛 석양으로 물들었고, 내 삶의 한 장면이 또다시 기록되고 있었다.

1부 - 내가 살아온 길-가난에서 제주까지

22시가 조금 넘어 양곤 도착했다. 따뜻한 공기, 낯선 언어, 생소한 냄새 속에서 가이드의 손짓은 이국의 낯섦을 덜어주었다. 호텔로 향하는 길, 오토바이 불빛과 형형색색의 간판들이 이국의 밤을 수놓았다.

## 2일 차 – 초록의 쉼, 골프장에서 찾은 나

호텔 조식은 소박했다. 아침 공기를 가르며 밍글라돈 골프장으로 향했다. 새벽 7시 50분, 햇살이 퍼지기 전의 필드는 평온 그 자체였다. 골프장은 휴무라는 소식이었으나, 다행히 2인 라운딩은 가능했다. 약간의 긴장이 있었지만, 이곳의 풍경만으로도 충분히 위로되었다.

　라운딩 후에는 양곤 시내를 둘러보았다. 차이나타운, 인디아타운, 그리고 슐레 파고다. 복잡한 도심 속 황금빛 탑은 수천 년의 세월을 고요히 전해주었다. 번잡한 거리를 걸으며, 한때 버스 운행으로 바쁘게 지내던 젊은 날이 떠올랐다. 여행자들의 웃음을 실어 나르던 그때, 오늘은 내가 여행자가 되어 웃고 있었다.

### 3일 차 – 오클라 CC에서 흐른 시간, 시장의 온기

　이른 아침부터 오클라 컨트리클럽으로 향했다. 전날과 마찬가지로 휴무였지만 라운딩은 허용되었다. 넉넉한 시간 속에서 클럽을 들고 걸었다. 클럽을 들고 걷는 것이 이렇게 평화로울 줄은 예전에는 미처 몰랐다.

　오후에는 아웅산 마켓을 찾았다. 시장은 늘 삶의 향기가 짙다. 보석, 옷,

수공예품들 사이를 오가는 사람들의 모습에서 삶의 무게와 소소한 기쁨이 묻어났다. 어쩌면 내 삶 또한 이 시장통과 닮아 있는 것 같았다. 시끄럽고 정신없었지만, 그 속에서 무언가를 이루고 나를 키워온 시간이 있었다.

### 4일 차 - 진짜 여행, 나를 만나는 날

오늘은 정해진 일정이 없는 자유여행. 가이드도 차량도 없이 온전히 내 시간이었다. 호텔 근처를 산책하고 낯선 카페에 들러 미얀마 커피를 마셨다. 커피 향 속에서 묻는 말들. 나는 왜 이곳에 와 있는가. 무엇을 찾고 있는가.

젊은 날은 늘 바빴다. 가족과 회사를 위해 매 순간을 선택하고 달려야 했다. 이제는 조금 느긋해도 되지 않을까. 오늘 같은 날, 누구의 것이 아닌 '나만의 시간'을 누리는 것. 그것이 내가 이 여행에서 얻고 싶었던 진짜 쉼이 었는지도 모른다.

### 5일 차 – 삶의 층을 쌓은 시간

마지막 날, 아침을 먹고 시리암으로 향했다. 17세기 도시국가의 흔적 위에 오늘의 사람들이 살아가고 있었다. 재래시장의 풍경과 '엘레파야 수상 파고다'는 많은 것을 말해주었다. 물 위에 떠 있는 사원은 부유하지만 흔들림 없는 모습, 신념과도 같았다.

전망대에서 바라본 양곤의 전경, 민속촌에서 만난 소수민족들의 삶을 엿볼 수 있었다. 언어는 달랐지만, 그들의 손길과 표정에서 느껴지는 정은 분명 나와 같은 '사람'이었다. 가장 마음 깊이 울린 곳은 아웅산 국립묘지였다. 1983년 버마 폭탄 테러로 희생된 한국인 위령비 앞에서 묵념했다. 그들의 죽음이 헛되지 않기를, 모두가 평화를 잊지 않기를 기도했다.

저녁으로 해물샤브샤브를 먹고 공항으로 향했다. 짧은 여정이었지만 내 마음에 오래 남을 여정이었다.

### 6일 차 – 귀환, 그러나 또 다른 시작

새벽 1시가 돼서야 한국행 비행기에 몸을 실었다. 창밖은 어둠뿐이었지만 내 안에는 수많은 이미지가 반짝였다.

드디어 인천국제공항 도착. 한국의 하늘로 돌아왔다. 다시 일상으로 향하고 있지만 분명 달라진 '내'가 있었다. 잠시 바쁜 삶에서 내려와 바라본 여행 속 풍경은 앞으로의 인생을 비춰줄 등대와도 같았다.

삶은 여행이고, 여행은 또 다른 삶이다.
그 여정을 함께하는 것은 결국 '나 자신'이다.

회사를 운영하면서 나는 제대로 된 휴가를 보내본 적이 없었다. 손님들을 모시고 함께 떠나는 여행, 혹은 명절 때 도피하듯 부부가 나서는 여행이 전부였다. 그렇게 10년 넘게 여행을 이어왔다.

그런데 언젠가부터 '여행쟁이'인 내가 여행하지 못하는 상황이 찾아왔다. 우리 부부는 2~3년마다 차병원에서 건강검진을 받곤 했다. 젊다 해도 늘 신경을 곤두세워야 하는 직업, 사람을 상대하는 일이라 스트레스가 많았기 때문이다.

전세버스 사업이라는 것이 그렇다. 겉으로는 손님을 태우고 목적지에 데려다주는 단순한 일 같지만, 실제로는 사람과 사람 사이에서 머리를 싸매는 일이 더 많다. 차량을 배차하고, 일정을 짜고, 기사들에게 전달하며, 여행을 출발시켜 안전하게 마무리하기까지, 이 모든 과정은 단순히 운전만 잘해서 되는 것이 아니었다.

기사마다 성격도 다르고, 학식이 높지 않은 경우도 많다 보니 전달한 말을 그대로 따르지 않는 경우가 많았다. 작은 착오 하나가 큰 사고로 이어질 수 있기에 늘 긴장의 끈을 놓을 수 없었다. 한 사람의 실수가 회사 전체의 평판을 무너뜨릴 수도 있었기에, 나는 언제나 예민할 수밖에 없었다.

게다가 내 성격은 급한 편이었다. 일이 닥치면 깊이 생각하기보다 일단 저지르고 보는 쪽이었다. 수습은 늘 나중의 몫이었다. 이런 성격 때문에 집사람과도 자주 다투었다. 나와 정반대였다. 조용하고 꼼꼼하며, 마음에 담긴 불편한 감정을 쉽게 풀지 못하는 사람이었다. 그 차이가 우리 집에 늘 조용한 긴장감을 만들었다.

내 아내는 성격이 활발하지는 않지만, 눈치가 빠르고 머리가 좋은 사람이다. 대신 감정에는 약하다. 상처받으면 오래 앓고, 하고 싶은 말을 삼키며 마음에 담아두는 사람이다. 그런 그녀에게 나는 늘 성급했다. 무언가 일이 생기면 가만히 있질 못하고 먼저 움직였다.

어떻게든 해결해야 마음이 놓였고, 결과가 나오기도 전에 방향부터 정해버리곤 했다. 그러다 보니 다툼이 잦았다. 내 마음은 급한데, 아내는 말이 없다. 결국 내가 혼자 버럭 화를 내고, 혼자 후회하고, 또 혼자 사과하는 일이 반복되었다.

아내는 친구들을 만나 수다를 떨며 스트레스를 풀었다. 무슨 이야기를 나누는지는 묻지 않는다. 하지만 그 시간이 있어야 다시 평정을 찾는다는 걸 나는 알고 있다. 그것이 그녀만의 생존 방식이자, 사랑의 방식이었다.

# 6장. 제주에서 다시 시작하다

2013년 어느 날, 아내가 건강검진 결과지를 들고 돌아왔다. 병명은 '유방암 초기.' 그 순간, 세상이 멈췄다. 아무 말도 할 수 없었다. 머릿속을 가득 메운 생각은 단 하나였다.

'살려만 주세요.'

나는 평생 일만 하며 달려왔다. 가정이 있고, 아이들이 있었지만 정작 아내를 깊이 들여다본 적은 얼마나 있었을까. 병원 대기실에서 손을 꼭 쥔 채 앉아 있는 그녀를 바라보며, 속으로 되뇌었다.

'내가 죄를 지었구나.'

왜 그런 생각을 했는지는 모르겠다. 병은 누구에게나 찾아올 수 있는 것인데, 그 순간 나는 세상에 혼자 버려진 듯한 기분이었다. 아내를 고생시키고, 감정에 매이게 하고, 쉬지 못하게 만든 건 결국 나라는 자책감이 깊게 박혔다. 아무리 흔한 병이라 위로를 들어도, 그 순간의 공포는 아직도 생생하다.

다행히 유방암 초기라 수술만으로 치료할 수 있었고, 항암 치료는 필요하지 않았다. 하지만 나는 다짐했다. "아내를 쉬게 해야 한다, 다시는 스트레스받게 해서는 안 된다."라 고. 그러나 현실은 쉽지 않았다.

한 달 동안 아내를 오대산 월정사에 요양 보내기로 했다. 내가 다니는 절의 주지스님이 월정사 출신이라 도움받았다. 아내를 절에 머물게 하고 돌아서는데, 눈물이 쏟아져 운전할 수조차 없었다.

'나는 죄 많은 인간인가. 열심히 살며 가정을 꾸린 지 20년이 조금 지났을 뿐인데, 아직 갈 길이 많이 남았는데 왜 이렇게 발목을 잡는가.'

사무실은 직원을 채용해 잘 운영되고 있었다. 그러나 나는 50대 중반을 지나며, 제2의 인생을 살아갈 곳을 찾아야겠다는 생각이 들었다. TV 속 암 환자들의 이야기를 보면 도시보다 시골에서 몸을 추스르는 경우가 많았다. 고향인 충청도 화양계곡을 친구와 함께 답사했지만, 마음이 가지 않았다. 돈도 벌어야 하지만, 동시에 시골에 보금자리를 마련해 아내를 살게 해야겠다는 생각이 점점 굳어졌다. 그러나 아내가 쉽게 찬성하지 않아 서두르지 않고 천천히 찾기로 했다.

아내는 집에서 쉬라고 했지만, 오히려 사무실에 나오는 것이 더 편하다 했다. 집에서 망상에 잠겨 있는 것보다 실제로 돌아가는 일을 보는 편이 낫다는 것이다.

그렇게 사무실에 함께 머물렀지만, 내 마음은 편치 않았다. 나는 아내가 스트레스받지 않도록 최대한 조심해야 했지만, 전세버스 사무실은 항상 고성이 오가고 소음이 가득했다. 기사들과 통화할 때도 차량 소음 때문에 목소리를 높여야 했다, 지금의 큰 목소리는 나의 직업적인 이유에서다.

2015년, 아마도 5월경이었다. 큰아들이 군 면제를 받고 대학을 졸업해 사무실 일을 돕고 있었는데, 하루는 인터넷 부동산 광고를 들고 왔다. 제주 중산간 지역에 바다가 보이는 300평 땅이 매물로 나왔다는 소식이었다. 나는 관심을 보였고, 아들은 부동산에 바로 전화를 걸었다. 다음 날, 아들과 함께 제주도로 향했다.

제주도는 낯설지 않았다. 해마다 한 번씩은 여행으로 찾았고, 초등학생 수학여행을 인솔한 적도 있었으며, 산악회 활동으로 한라산을 오른 기억도 있었다. 그러나 이번에 본 땅은 처음 와보는 곳이었다. 나중에야 알았지만, 비자림과 불과 5분 거리에 있었다.

그곳은 300평 밭이었는데, 가격도 적당했고, 무엇보다 먼바다가 보이는 풍경이 마음에 들었다. 나는 하루만 고민하고 계약을 진행했다. 육지로 돌아와 아내와 아이들에게 이야기하니 모두 찬성했다.

"그래, 제주도로 가자."

제주펜션위치

   제주도는 관광지이면서도 마을은 시골이다. 막상 결정을 내리고 나니 마음이 속 시원했다. 아내의 휴식처가 생기고, 나 역시 쉴 곳이 마련된 것이다. 나는 빠르게 계약을 진행해 농지를 취득했다.

   이 땅 위에 무엇을 지을 것인가, 고민이 깊어졌다. 단순한 거주용 주택으로 할지, 게스트 하우스나 펜션으로 운영할지 갈림길에 서 있었다. 건축박람회를 찾아다니며 관련 지식을 쌓았다.

   제주도는 섬이다 보니 건축비가 육지보다 20%가량 비쌌다. 물류비 때문이었다. 나는 5년 후, 2020년 회갑을 맞는 시기에 집을 짓고 제2의 인생을 시작하자고 마음을 굳혔다.

그러던 어느 날, 제주시청으로부터 공문이 도착했다. 농지에 농사를 짓지 않으면 강제로 매각 조치될 수 있으며, 현재 농사를 짓고 있음을 증명하라는 내용이었다. 외지인의 농지 취득이 까다롭다는 사실을 그제야 알았다. 다행히 이웃이 우리 땅 일부에 감자 농사를 짓고 있어, 확인서를 받아 제출하고 현장 사진도 함께 보냈다. 결국 제주시청에서는 일단 조건부로 인정했지만, 앞으로 3년간 감시를 이어가며, 농사를 짓지 않을 경우 세금 부과와 건축허가 불허 조치를 내리겠다는 강경한 통보였다.

나는 제주에 집을 지을지, 농지를 정리할 것인지 선택의 기로에 섰다. 결국 제주도에 집을 짓기로 결심하고 결단을 내렸다.


한 번도 집을 지어본 적 없는 내가, 이 나이에 집을 과연 지을 수 있을까. 자금은 어떻게 마련하고, 어떤 집을 지어야 하며, 무엇부터 시작해야 할지 막막했다. 그러나 그 누구도 내 인생을 대신 살아줄 수는 없었다. 나는 운명에 맡기고, 내가 걸어야 할 길을 걷기로 했다. 제주라는 땅 위에 내 인생의 집을 짓겠다고 마음먹었다.


이미 땅을 사기 전부터 건축박람회를 자주 다녔다.

학여울역 경향하우징, 코엑스 동아전람 등 수도권에서 열리는 박람회였다. 이곳에서는 집짓기 순서, 자재, 조경, 목조·철근 콘크리트 주택 등 다양한 정보를 얻을 수 있었고, 무엇보다 "집을 짓기 전, 누가 살고 어떤 삶을 그 안에서 살아갈 것인지를 먼저 정해야 한다"라는 원칙을 들을 수 있었다. 건설사가 권하는 방식대로만 집을 지으면 결국 자신과 맞지 않는 집이 될 수 있다는 이야기였다.

나는 오래전부터 패시브하우스에 관심이 많았다. 흔히 제주를 따뜻한 섬으로 생각하지만, 실제로는 사계절 바람이 매섭게 부는 곳이다. 그래서 단열에 집중한, 말 그대로 '보온병 같은 집'을 짓고 싶었다. 한 번 데운 공기를 오래도록 머금어 난방비를 최소화하는 집. 물론 비용은 더 들지만, 그것이 앞으로의 삶을 위한 투자라 믿었다.

처음에는 철근 콘크리트 구조로 패시브하우스를 계획했으나, 예상보다 높은 공사비와 공정 지연의 위험 때문에 결국 목조 구조로 방향을 바꿨다. 대신 단열만큼은 패시브하우스 철학을 그대로 유지하기로 했다.

최종적으로 설계된 집은 연면적 200㎡ 규모의 2층 본관, 그 앞에 자리할 15평 규모의 펜션 두 동이었다. 대지 998㎡, 집과 펜션을 운영하기에 충분한 크기였다. 나는 본관 1층에서 지내고, 위층과 펜션은 게스트 하우스로 운영할 계획을 세웠다.

그러나 집짓기는 생각처럼 순탄치 않았다. 설계 변경과 추가 요청이 이어지면서 공사비는 꾸준히 불어났고, 완공 시기도 밀렸다. 그럼에도 우리는 착공 전 고사를 지냈다.

2018년 3월 착공, 8월 완공 예정. 아내와 함께 두 손 모아 빌었다.

"부디 무사히, 우리 가족이 오래도록 편안히 지낼 수 있는 집이 되게 해주소서."

설계사무소 대표는 계약부터 감리까지 큰 도움을 줬지만, 건설사 대표는 경험이 부족해 크고 작은 문제가 잦았다. 나는 제주에 머물며 현장을 직접 챙겼고, 동시에 펜션 운영을 위한 시장 조사도 병행했다.

그 과정에서 불운한 사고가 찾아왔다. 공사장 인근에 쌓아둔 나무와 폐기물을 정리하며 소각하던 중 강풍에 불길이 번져 내 얼굴에 화상을 입은 것이다. 폐기물 처리비용을 아끼려다 큰 화를 자초했다. 얼굴에 붕대를 감은 채 서울로 올라가 치료받았고, 15일가량 입원한 뒤 퇴원해 다시 현장으로 돌아왔다.

그 사이 공사는 진척되었으나, 완공 시기가 늦춰질 수밖에 없었다. 건설사 대표는 내게 조심스레 말했다.

"사장님이 없으셔서 공사가 늦어졌습니다."

나는 이해할 수 없었다. 이미 계약한 금액과 일정대로 당연히 진행하여야 하는데, 어찌하여 내 부재가 지연의 이유가 된단 말인가.

건축하는 친구에게 조언을 구하니, "이미 공사가 시작됐으니 건설 사장을 잘 설득하고, 비용 상승 문제가 생기면 원만히 타협해 최대한 빨리 완공하는 것이 유리하다"라는 직언이 돌아왔다. 나는 마음을 고쳐먹었다. 성격이 급하다고 해서 모든 것이 뜻대로 풀리는 건 아니었다. 순리대로, 사람 대 사람으로 접근해 건설 사장을 설득해 가기로 했다. 지금까지 '노력하면 다 된다'라고 믿어왔지만, 이 과정에서만큼은 인연과 관계를 맺는 법을 배워야겠다고 다짐했다.

그렇게 마음을 열자, 일은 순조롭게 풀렸다. 오히려 내가 직접 개입한 부분에서 실수가 생기기도 했다. 예컨대 펜션에 신발장이 필요 없을 것 같아 빼달라고 했는데, 막상 완공 후엔 청소도구를 보관할 곳이 없어 불편을 겪게 된 것이다. 집짓기 경험이 전혀 없는 내가 건설 사장과 머리를 맞대고 공사를 진행하면서, 마침내 7월 말 공사가 마무리되었다.

완공된 집을 바라보며 나는 비로소 하나의 '작품'을 완성했다는 뿌듯함

을 느꼈다. 수많은 어려움 속에서도 묵묵히 견뎌낸 결과였다. 한솔여행사의 기반이 있었기에 가능했지만, 주변을 돌아보면 제주에는 공사가 중단된 현장이 적지 않았다. 자금 부족과 건축비 상승이 가장 큰 원인이었다. 그렇기에 다소 하자가 있더라도 공사를 신속히 마무리하는 것이 무엇보다 중요했다.

완공 이후에도 집에는 크고 작은 하자가 발견되었지만, 나는 이제 또 다른 길 위에 서야 했다. 게스트 하우스와 펜션을 운영해야 했으나 경험은 없었다. 손님을 맞이하고 관리하는 일이 어떻게 이뤄져야 할지 감조차 오지 않았다. 다만 수십 년간 여행사를 운영하며 손님을 모셔 온 기억만이 내게 작은 자신감을 주었다.

아내가 병을 얻은 뒤부터 나는 시골로 내려가야겠다는 생각을 자주 했다. 그러나 시골 생활은 단순히 농사만으로는 채워지지 않는다. 스스로 즐길 거리, 바쁘게 하루를 채워줄 무언가가 있어야 했다.

돌이켜보면 대학 시절만 해도 컴퓨터는 낯선 기계였고, 배울 기회조차 없었다. 사무실에서 경리 직원이 쓰는 걸 어깨너머로 보는 것이 전부였다. 그러나 시대가 변했다. 펜션을 운영하려면 SNS를 할 줄 알아야 했다. 낯설고, 어렵지만 반드시 익혀야 할 영역이었다.

그래서 2017년 9월 '여행 작가 학교'에 입학했다. 여행 작가를 꿈꾸는 이들을 위한 교육과정으로, 현업 작가 강연, 사례 분석, 작문 실습, 출판 과정 소개 등으로 구성된 프로그램이었다. 워크숍 형식의 현장 강의와 블로그·SNS 운영법까지 다루는 실무 중심의 커리큘럼이었다.

컴퓨터도 서툰 내가 글쓰기를 배우겠다고 학교에 간 것은 큰 도전이었다. 첫 실습 과제는 맞춤법 오류투성이였고, 내 글은 정답보다 오답이 많았다. 솔직히 내 사정을 선생님께 털어놓았다. 25년간 운수업을 운영해 온 내가, 왜 이 자리에 와 있는지를. 선생님은 걱정스러운 표정을 지으셨지만, 나의 진심을 이해해 주셨다.

나는 살아오며 수많은 사람을 만나고 이끌어왔다. 여행사 행사든 산악

회 활동이든, 리더십 없이는 원만히 진행될 수 없었다. 추진력이 없는 오너는 회사를 끌어갈 수 없다. 글은 부족했지만, 인간관계와 추진력만큼은 누구보다 뛰어나다는 자신감이 있었다. 덕분에 선생님과 동기들에게도 자연스레 호감을 얻을 수 있었다.

분당에서 신촌 홍익대까지 매주 화요일 저녁, 퇴근길에 맞춰 수업에 참석했다. 오후 6시 출석, 밤 10시까지 강의, 이어지는 뒤풀이까지 마치면 새벽 2시에야 집에 닿았다. 그렇게 6개월간 수업을 듣고, 끝내 졸업했다.

오십이 넘은 나이에 '여행 작가 학교'에 입학한 건, 내 인생에서 참 용기 있는 선택이었다. 아이들을 키우고 회사를 키우느라 바쁘게 달려온 지난 세월이 나를 단단하게 만들었다면, 이곳에서의 시간은 나를 부드럽게 풀어 주었다.

여행 작가 학교 18기. 총 40명이 함께 시작했다. 나와는 전혀 다른 세대의 20대 청년에서부터, 나와 비슷하게 인생의 후반부를 살아가는 이들까지. 나이도 다르고 살아온 환경도 달랐지만, 모두가 품은 꿈은 하나였다. 여행 작가가 되고 싶다는, 단순하면서도 간절한 바람. 그 마음 하나로 우리는 금세 친구가 되었다. 나이를 뛰어넘어 마음이 이어지고, 서로의 글 속에서 웃고 울며 곁을 내어 주는 사이. 그것이 바로 여행 작가 학교 18기의 매력이었다.

수업은 예상보다 훨씬 알찼다. 글쓰기의 기본부터 취재와 사진, 편집까지 차근차근 배워나갔다. 카메라를 둘러메고 길 위를 걸으며 낯선 동네의 풍경을 담던 날은 아직도 눈에 선하다. 골목의 표정, 사람들의 미소, 스쳐 지나간 풍경 하나까지도 글의 재료가 되었다. 그 순간만큼은 우리가 모두 진짜 여행 작가였다. 아직도 그때를 떠올리면 가슴이 벅차오른다.

1박 2일 체험 여행 역시 잊을 수 없는 경험이었다.

내가 운영하던 버스를 대여해 함께 떠난 길. 글을 쓰고, 사진을 찍고, 서로의 글을 읽어주며 울고 웃었다. 돌아오는 버스 안에서 피곤함에 겨워 서로의 어깨에 기대 잠들던 동료들의 모습은 지금도 따뜻한 기억으로 남아 있다.

그때 나는 문득 깨달았다.

"아, 나는 지금 정말 좋은 사람들과 함께하고 있구나."

졸업 후에는 러시아 하바로프스크와 블라디보스토크로 여행을 떠났다. 아마 혼자였다면 쉽게 가지 않았을 곳. 그러나 함께라서 용기를 냈고, 함께라서 더욱 따뜻했다. 차가운 러시아의 공기 속에서도 우리는 서로에게 온기가 되어주었다.

무엇보다 고마웠던 건 젊은 친구들 덕분에 컴퓨터를 배운 일이었다. 글을 쓰려면 기술이 따라야 한다. 낯선 기계 앞에서 머뭇거리는 나를 하나하나 도와주던 그 마음이 참 고마웠다. 덕분에 나는 늦지 않게 새로운 세상을 배울 수 있었다.

여행작가학교 18기는 단순한 교육과정이 아니었다. 내 삶의 또 다른 문을 열어준 전환점이었다. 글을 쓰며 자신을 돌아보고, 함께 웃으며 앞날을 꿈꿀 수 있었다. 그래서 이제는 말할 수 있다.

"나는 지금, 여행 작가로 살아가고 있다."

사실 작가는 어릴 적부터 품었던 꿈이었다. 교육대를 졸업한 뒤 시골 분교에서 아이들을 가르치고, 농사지으며 글을 쓰며 살고 싶었다. 그러나 현실은 그 꿈을 쉽게 허락하지 않았다. 그렇게 잊힌 줄만 알았던 꿈은, 뒤늦

1부 - 내가 살아온 길-가난에서 제주까지

게 다시 내 앞에 찾아왔다.

　제주에 집을 짓던 무렵, 나는 블로그와 인스타그램을 시작했다. 펜션을 홍보하기 위해 처음에는 광고를 해보기도 했지만, 효과는 크지 않았다. 결국 내가 직접 여행지를 소개하고 펜션 이야기를 풀어내자 비로소 사람들의 발걸음이 움직이기 시작했다.


　펜션이 자리한 송당리는 24개의 오름이 모여 있는 오름 군락지다. 제주 전체에 368개의 오름이 흩어져 있는데, 그중 상당수가 송당리 주변에 있다. 나는 이 점에 주목했다. 오름 투어를 중심으로 블로그를 운영하며 여행객들에게 소개하자 반응은 놀라웠다. 유명 관광지보다 오히려 오름의 매력에 매료된 사람들이 많았다. 후기도 끊이지 않았다.


　나 역시 처음에는 오름이 낯설었다. 그러나 집을 짓는 동안 관심이 생겨 직접 연구하기 시작했다. 제주대학교와 한라일보가 공동으로 진행한 오름 현장 투어에도 꾸준히 참여하며 지식을 넓혀갔다. 육지에 산악회가 있듯, 제주에는 오름 투어 단체가 여전히 활발히 활동하고 있었다.

제주도 주민들은 오름을 산이라 부르지 않는다. 제주에서 '오름'은 작고 독립된 화산체를 뜻한다. '오르다'에서 유래한 이름처럼, 그곳은 부드러운 곡선과 함께 제주의 풍경 속에 스며 있다. 오름은 단순히 자연의 일부가 아니라 제주의 삶과 기억을 품은 공간이었다. 목장으로, 숲으로, 마을의 신성한 터전으로. 오름 하나하나에는 저마다의 얼굴과 이야기가 숨어 있었다.

오름을 걷는다는 것은 단순히 산을 오르는 일이 아니다. 한 걸음 한 걸음 내디디며 제주의 시간과 자연의 호흡, 그리고 나 자신을 만나는 일이다.
나는 가이드로서의 경험 덕분에 여행객들에게 오름을 설명하는 데 어려움이 없었다. 오름 투어를 안내하고, 제주 여행지를 소개하며, 그 속에서 펜션을 자연스레 알리자, 여행객들은 기꺼이 찾아주었다. 무엇보다 든든했던 건 선후배 여행 작가들의 응원과 뒤에서 지켜주는 한솔여행사의 존재였다. 그 모든 것이 나를 다시금 앞으로 나아가게 했다.

펜션 이름은 처음에 '밧돌게스트'라 지었다.

　2017년 겨울, 여행 작가 학교 동문들과 멘토 선생님이 제주를 찾았을 때였다. 멘토께서는 오름에 관한 박사라 불릴 만큼 해박한 분이었다. 송당리 오름 투어를 마치고 내가 집터를 보여드리며 "이 집 이름을 지어주세요" 부탁을 드렸다. 가까이에 밧돌오름이 있으니 '밧돌게스트'라 하면 어떻겠

느냐는 제안이 돌아왔다. 동문들도 모두 고개를 끄덕였고, 그렇게 이름이 결정되었다.

밧돌오름을 중심으로 안돌오름, 당오름, 거슨세미오름, 꽹이오름, 아부오름, 높은오름, 안친오름, 민오름, 용눈이오름, 동거문이오름, 다랑쉬오름 등, 10분이면 닿을 수 있는 오름이 수없이 많았다. 그야말로 오름의 고향 한복판에 자리 잡은 집이었다.


2018년 8월, 드디어 사업자등록증과 농어촌민박신고증이 정식으로 발급되었다. 2층에는 2인실과 4인실 객실이 각각 두 개, 별도로 가족 펜션 두 동이 준비되었다. 1층은 커뮤니티룸과 주방, 그리고 내가 쓰는 작은 방이 있었다. 애초에 아내의 병으로 전원주택을 짓고자 했던 땅이었는데, 결국 펜션으로 방향이 바뀌어 버렸다.


공사를 마무리할 무렵, 나는 큰 고민에 빠졌다. 육지의 한솔여행사는 누가 맡을 것인가. 큰아이 혼자 운영하기에는 버거운 일이었다. 결국 대표를 아내로 교체했다. 몸은 제주에 있었지만, 마음은 늘 육지에 가 있었다. 아내는 유방암 완치 판정을 받은 지 5년이 지난 시점이었지만 여전히 조심스러웠다. 그래서 나는 2주 간격으로 육지를 오가며 여행사와 펜션을 함께 돌보았다.

펜션 운영은 처음엔 그야말로 혼자였다. 청소도, 손님맞이도, 때로는 잡다한 일까지 직접 했다. 손님이 많을 때는 아르바이트를 쓰기도 했다. 홍보가 잘되지 않아 방문객이 드물었을 때, 나는 직접 아침 무료 오름 투어를 진행했다. 다랑쉬오름이나 용눈이오름을 안내하고, 돌아와서는 리뷰를 부탁했다. 덕분에 펜션의 후기가 쌓여갔고, 그 글들이 다시 새로운 손님을 불러주었다.

지인들, 아내의 친구들, 여행 작 가학교 동문, 시골 초·중학교와 고교, 대학 동창들까지. 여러 사람이 펜션을 찾아주었다. 단체 여행을 원할 때는 내가 직접 일정을 짜서 안내했는데 광고효과가 있었다. 손님들은 만족했고, 그만큼 펜션의 이름도 알려졌다.

나는 블로그와 인스타그램을 통해 오름을 꾸준히 소개했다. 사람들이 가장 좋아한 것도 바로 오름이었다.

제주 오름을 세상에 알린 사람은 1997년 『오름 나그네』를 펴낸 김종철 작가였다. 유홍준 교수는 그 책을 두고 "제주의 신이 그에게 내린 운명적 과제"라 표현했다. 그만큼 오름은 단순한 풍경이 아니라 제주의 영혼이었다. 들새와 바람이 머물고, 사람들의 삶과 죽음이 이어지는 자리. 제주 사람은 오름 곁에서 태어나 오름 곁에서 살다, 마침내 오름으로 돌아간다.

세월이 흐르며 손님도 점점 늘어났다. 그러나 펜션 1층에 머무는 내 생활은 점점 불편해졌다. 위층에서 떠드는 소리에 잠을 설치기 일쑤였다. 고민이 깊어지던 무렵, 2019년 말 코로나 팬데믹이 닥쳤다. 여행은 멈췄고, 게스트 하우스는 텅 비었다. 타인과 한 공간을 쓰는 것 자체가 불가능한 일이 되어버렸다.

누군가 내게 이런 조언을 했다.

"게스트동을 독채 펜션으로 바꾸면 위기를 버틸 수 있을 겁니다."

그래서 나는 곧바로 이동주택을 구매해 내 숙소를 옮기고, 게스트동을 독

채로 개조했다. 그 선택은 탁월했다. 가족 단위 여행객들이 늘어나면서 펜션은 다시 활기를 되찾았다. 위기에서 나온 순간의 판단이 오히려 살길이 되었다. 그러나 육지의 전세버스 사업은 달랐다. 단체 여행, 수학여행, 기업 연수, 교회 수련회… 모든 행사가 멈추었다. 오직 S 회사 출퇴근 버스만 운행되었다.

2020년 3월, 봄이 와도 전화벨은 울리지 않았다. 예전 같으면 일정표를 손에 들고 기사들과 바삐 움직였을 시기였다. 하지만 그해 봄, 대형 달력은 텅 빈 채 벽에 매달려 있었고, 예약 대신 취소 소식만 이어졌다. 하루에 수백만 원씩 손실이 나던 날도 있었다. 한 달 새 수십 건의 예약이 전면 취소되었다.

아득하게 멀어진 웃음소리, 기사들의 분주한 발걸음. 그 모든 풍경이 이제는 기억 저편으로 흩어져갔다.


코로나19는 처음엔 먼 나라 뉴스처럼 느껴졌다. TV에 마스크 쓴 사람들이 나오고 WHO에서 '우한 폐렴'이라는 말이 흘러나올 때까지, 우리는 남의 일이라 생각했다. 그러나 그 바이러스는 국경도, 철도도, 비행기도 가리지 않고 곧 우리 곁에 와 있었다. 눈에 보이지 않는 것이 가장 무섭다는 말이 실감 났다. 그 보이지 않는 공포는, 전세버스 사업을 하던 내 삶을 한순간 마비시켰다.

버스는 멈췄다. 차고지엔 45인승 대형 버스들이 줄지어 서 있었고, 엔진은 식었으며 타이어는 먼지에 덮였다. 정비실에 들어가 배터리를 점검할 때마다, 나는 아픈 환자를 돌보는 기분이었다. 그렇게 수십 대의 버스가 아무 일 없이 멈춰 있는 풍경을 보는 건 내겐 처음이었다.

고정비는 계속 나왔다. 차량 리스, 보험료, 직원 급여… 매출은 '0'인데 지출은 기존대로였다. 사업자라면 누구나 겪을 절망이었다. 세상에, '버스를 굴리지 않아도 파산하는 날'이 올 줄은 몰랐다. 그때 나는 비로소 알았다. 이건 단순한 전염병이 아니라, 인생의 균열이라는 것을. 멈춰 있던 내 삶은 속절없이 정지해 있었다.

나는 결국 버스 세 대를 처분해 위기를 겨우 넘겼다. S 전자 출퇴근 버스가 있었기에 그나마 버텨낼 수 있었다. 아이러니하게도, 여행을 좋아하는 이들이 해외에 가지 못하자 국내(특히 제주)로 몰려들었다. 제주도의 숙박업소는 호황이었다. 한쪽이 호황이면 다른 쪽은 불황에 빠지는 것이 인간사의 섭리였다. 노력만으로는 코로나를 타개할 수 없었다.

아내는 배차할 일이 사라졌다. 차량이 움직이지 않으니, 일이 없어졌다. 우리는 어쩔 수 없이 제주로 올라오게 되었고, 육지의 한솔여행사는 큰아들이 도맡아 운영하게 되었다. 나는 한 달에 한 번씩 육지를 들러 회사 상황을 확인하고, 다시 제주로 돌아와 펜션을 돌보는 생활을 이어갔다.

이제 내 나이는 육십 중반을 바라본다. 격동의 세월을 거쳐 여기까지 왔다. 사회생활은 험했고 힘들었지만, 지금은 안정의 길로 들어섰다. 아내도, 두 아들도 무탈하고 대체로 모든 것이 순조롭다.

그리고 제주에서는 구좌 색소폰 앙상블에서 매주 색소폰 연주를 지인들과 즐기며 연주한다.

가보지 않은 길을 간다는 것은 쉬운 일은 아니지만 한번 태어난 인생이니 죽음을 받아들이면 그것이 두렵지 않다는 걸 알게 되었다.

장례는 인간의 마지막 복지다. 죽음은 누구에게나 다가오고, 인간으로서 이 세상을 떠나는 마지막 순간이다. 누구나 가야 할 길이지만 받아들이기는 쉽지 않다. 세상에 대한 미련 때문에 죽음을 쉽게 받아들이지 못한다.

'나는 죽지 않을 것이다'라는 막연한 기대를 품고 살다가, 막상 그 순간이 닥치면 우왕좌왕하는 사람들을 보면 보는이에게 안타깝게 한다. 그러나 죽음을 받아들이면 사는 세상이 달리 보인다. 욕심이 사라지고, 옆에 있는 사람이 고맙게 느껴진다. 그렇다고 삶의 의욕이 꺾이는 것은 아니다. 오히려 더 열심히 살게 된다. '언젠가는 죽어야 한다'라는 사실을 알기에 더 치열하게, 소중하게 시간을 쓴다. 허투루 보내는 시간이 아깝기 때문이다.

친구여, 우리의 생은 영원하지 않다. 그 사실을 잊지 말자. 지금, 이 순간 옆에 있는 사람을 더 귀하게 여기며 살아가자.

나는 늘 '여행'을 좋아했다.
하지만 처음부터 그 의미를 깊이 알았던 것은 아니다.

어린 시절의 여행은 단순히 설레는 외출이었고, 젊은 날의 여행은 일상에서 도망치기 위한 모험이었다. 그러나 세월이 흐르며 나는 깨달았다. 여행은 단순한 '이동'이 아니라, 삶의 껍질을 벗겨내고 진짜 나를 마주하는 과정이라는 것을. 그래서 나의 닉네임은 자연스레 '늘여행'이 되었다.

제주 오름을 홀로 오른 날이 떠오른다. 아끈다랑쉬오름의 억새밭 사이를 걷다가, 바람 소리와 내 발걸음 소리만이 세상을 채우던 그 순간. 세상의 모든 소음이 사라지자, 내 안의 목소리가 또렷이 들려왔다.
"나는 지금 어디쯤 와 있는가?"
"내가 진정으로 원하는 삶은 무엇인가?"

그 질문은 내 인생 후반기를 살아가는 지금도 여전히 내 안에 남아 있다. 이제 여행은 단순한 취미가 아닌 '삶의 성찰'이 되었다. 떠나기 전엔 기대와 걱정이 교차하지만, 길 위에 서는 순간 나는 언제나 새로운 사람으로 다시 태어난다. 사람과의 만남, 풍경과의 조우, 낯선 도시에서의 고요한 밤… 그 모든 순간이 나를 더욱 깊이 이해하게 만든다.

나는 지금, 길 위에서 내 인생을 바라보고 있다. 그리고 제주에서 펼쳐지는 나의 인생 3막은 또 다른 여행의 이름으로 계속되고 있다.

지난날 수많은 민란과 고초를 당했지만, 제주의 오름은 말이 없다. 오름은 있는 그대로 오름이다.

제주라는 섬은 빗물을 가두는 곳이 없다. 제주의 오름은 빗물을 머금고 있다가 사람들이 빗물을 받아 가도 아무런 대꾸가 없다. 오름은 애초부터 모든 것을 포용한다. 말과 소들이 그 위를 뛰어놀아도 아프다고 하소연 하지 않는다.

바다에 남편을 잃은 여인네가 슬픈 하소연을 해도 그저 듣고 눈물을 머금는다. 나는 오름 위에서 한라산을 바라보며 오름과 친구가 되어 수많은 이야기를 나눴다.

오름은 제주인과는 떼려야 뗄 수 없는 친구이다. 제주 사람들은 오름 주위에서 태어나 오름 주위에서 농사를 짓고, 아들이 출세하러 육지에 나가면 오름에 가서 소원을 빌고, 서방이 속 썩이면 오름에 하소연한다. 그리고 인생살이는 길지 않기에 그들은 오름에 묻힌다.

나는 이런 오름을 좋아한다. 지금도 매일 아침이면 오름에 올라, 오름과 이야기하면서 남은 인생을 이야기해 본다.

이제 나도 인생의 후반부에 들어섰다. 길지 않은 남은 시간을 나는 오름과 함께하고 싶다. 오름에 올라 내 지난 날을 돌아보고, 앞으로 남은 날들을 생각하며, 젊었을 때는 보지 못했던 것들을 이제야 비로소 본다.

제주의 오름은 내게 친구이고, 어머니이며, 마지막에는 내가 돌아가 안길 품이다. 나는 이제 안다. 살아온 날들의 무게도, 남은 날들의 의미도, 모두 오름 속에 담길 수 있다는 것을.

그래서 나는 오늘도 오름을 찾는다.

오름은 여전히 말이 없지만, 그 침묵이야말로 내 삶을 감싸안는 가장 큰 위로다.

# 길 위에서 다시 태어나다

# 1장. 히말라야의 품, 안나프로와 트레킹

네팔 안나프로트래킹

## 히말라야를 향한 비행

비행기 창밖으로 흐릿한 구름이 흘러갔다. 동체 아래로 한반도가 천천히 멀어지며, 나는 긴 숨을 내쉬었다.

이 여행은 단순한 여행이 아니었다. 나에게는 '돌아보는 여행'이자 '비우는 여행', 오롯이 나 자신과 마주하기 위한 여정이었다. 스물다섯 해 가까이 전세버스 회사를 운영하며 달려온 날들. 늘 책임져야 했고, 늘 앞장서야 했으며, 늘 지켜야만 했다. '사장님'이라는 두 글자 뒤에 숨겨둔 내 안의 외로움과 피로를, 어느새 나조차 외면하며 살아왔다.

그런 내게 히말라야는, 무언가를 버리고 내려놓기 위한 큰 품 같았다.

카트만두에 도착하자, 공항 특유의 혼잡하고 탁한 공기 속에서 낯선 나라의 체온이 느껴졌다.

"형님, 이쪽입니다!"

이미 몇 차례 네팔을 다녀온 지인이 능숙하게 우리 일행 열 명을 이끌었다.

공항을 빠져나와 택시에 몸을 싣고 시내로 향하는 동안, 창밖 풍경은 말로 설명하기 어려운 낯섦 그 자체였다. 전깃줄이 하늘에 엉켜 있고, 붉은 벽돌 건물들이 어깨를 맞대고 서 있으며, 거리에는 사람과 오토바이, 개들이

제각기 리듬을 타며 살아가고 있었다.

"이게 진짜 네팔이구나…"

낯선 냄새와 소음마저 신기하게 느껴졌다. 언젠가 다큐멘터리 속에서 본 그 땅을, 지금 내가 두 발로 밟고 있다는 사실이 믿기지 않았다.

저녁 무렵, 숙소 옥상에서 바라본 카트만두의 석양은 기묘하게 아름다웠다. 붉은 햇살이 구름 사이로 퍼져 도시를 감싸고, 멀리 희미한 능선 너머로 히말라야의 기운이 전해졌다. 이제 곧 그 산속으로 들어갈 것이다. 인간의 이기심이 닿지 못한 순결한 자연 속으로.

잠들기 전, 나는 가방에서 작은 수첩을 꺼내어 첫 페이지에 이렇게 적었다. '산은 내게 무엇을 줄 것인가. 아니, 나는 그 산속에서 무엇을 버릴 수 있을까.'

천천히 숨을 고르며 나는 생각했다. 오늘, 이곳에서 내 인생의 또 하나의 장이 시작되고 있음을, 나 자신이 느끼고 있었다.

## 첫걸음 - 베시사하르에서 차메까지

새벽 공기를 가르며 지프는 덜컹거렸다. 카트만두에서 몇 시간을 달려 베시사하르Besisahar에 닿았을 때, 나는 마치 인생의 낯선 문턱에 들어선 기분이었다.

이제부터는 내 두 다리로 걷는 길. 시작의 설렘보다는, 약간의 두려움과 긴장감이 먼저 다가왔다.

산길은 처음부터 호락호락하지 않았다. 먼지가 날리고, 햇살은 따갑게 등을 내리쳤지만, 마음 한구석은 이상하게 평온했다. 울창한 숲길을 지나고, 돌계단을 오르며 차메에 가까워질수록 숨이 차올랐다.

차메, 해발 2,670미터. 마을 어귀에 도착해 첫 번째 로지에 짐을 풀었을 때, 마치 고향집에 도착한 것처럼 따뜻한 안도감이 밀려왔다.

지붕 위로 떨어지는 노을은 불길처럼 붉었고, 그 아래에서 우리는 조용히 마주 앉았다. 한 친구가 말했다.

"진짜 시작이네, 형."

나는 말없이 고개를 끄덕였다. 그 짧은 한마디가, 이 여정의 무게와 의미를 대신해 주고 있었다.

## 마나슬루를 바라보며 - 차메에서 피상까지

이른 새벽, 나는 베란다로 나가 하늘을 올려다봤다. 찬 공기가 뺨을 스쳤고, 별들이 쏟아질 듯 떠 있었다. 동쪽 하늘이 희끗이 밝아올 무렵, 마나슬루Manaslu, 8,163m가 위엄 있는 모습을 드러냈다. 숨이 멎는 순간이었다.

차메를 출발해 어피퍼상3,200m까지 오르는 동안, 그 장면은 내 머릿속에서 떠나지 않았다. 단순한 풍경이 아니었다. 내 인생에서 '불가능'이라 여겼던 것들이 하나씩 희미해지는 상징처럼 느껴졌다. 길은 점점 험해졌고, 고산증 기운이 살짝 올라오기 시작했다. 몇몇 일행은 말을 아꼈고, 그 침묵은 묵직하게 우리 사이를 감쌌다.

피상 마을에 도착하자, 나는 한참 동안 말없이 주변을 둘러보았다. 산과 어깨를 맞댄 집들, 푸른 하늘 아래 누렇게 익어가던 보리밭.

로지에서 마신 따뜻한 생강차는 몸을 녹였고, 누군가의 웃음은 마음을 녹였다. 하루하루, 우리는 점점 '등산객'이 아니라 '순례자'가 되어가고 있었다.

2부 - 길 위에서 다시 태어나다

## 혹독한 고요 - 어피퍼상에서 마낭까지

오늘은 길이 길었다. 피상에서 마낭$^{3,540m}$까지 오르는 동안, 말소리는 점점 줄고 발걸음은 무거워졌다. 등 뒤에서 불어오는 바람은 내 어깨 위에 말을 걸듯 머물렀다가, 이내 사라졌다. 숨을 크게 들이쉬고 내뱉는 것조차 힘이 들었다.

이곳은 고요했다. 새소리조차 잘 들리지 않는, 다만 자신의 심장 소리만 또렷이 들리는 공간. 그 고요 속에서 나는 오래전 내 인생의 한 장면을 떠올렸다.

어느 겨울, 전세버스 사업을 시작한 초창기. 외환위기의 파고 속에서 손님이 없던 날들. 그때도 지금처럼 앞이 보이지 않았다. 하지만 결국, 지나왔다. 그래서 지금 이 길도 결국 지나가리라는 믿음이 들었다.
마낭에 도착해 조용히 방 안에서 누웠을 때, 세상이 천천히 멀어져 가는 느낌이었다.

이곳은 마치 꿈과 현실의 경계에 있는 마을 같았다.
"내일은 하루 쉬자고요."

가이드의 말에, 우리는 모두 조용히 고개를 끄덕였다. 쉬어야 할 이유를 몸보다 마음이 먼저 알고 있었으니까.


## 고산의 쉼 - 마낭에서의 적응


마낭에서의 휴식일. 처음으로 종일 걷지 않은 날이었다. 하지만 해발 3,500미터가 넘는 이곳에서의 쉼은 단순한 '휴식'이 아니었다. 숨 쉬는 것조차 연습이 되어야 했다.


이른 아침, 마을 너머 언덕으로 가볍게 산책을 나갔다. 텅 빈 초원 위에서 하늘을 오래도록 바라보았다. 그 어느 때보다 가깝고, 투명하며, 나를 감싸는 듯했다. 로지로 돌아와 벽난로 옆에서 동료들과 차를 마셨다. 말은 적었고, 침묵은 풍경을 채웠다. 서로의 고단함을 말하지 않아도 알 수 있는 사이. 이것이 이 길이 우리에게 준 가장 큰 선물일지도 몰랐다.


그날 밤, 일기장에 이렇게 적었다.

"여기까지 온 것도 대단하다. 아직 더 가야 할 길이 있지만, 오늘만큼은 그저 여기에 있어도 좋다."

## 마낭에서 레다르까지 - 고도를 올리며

우리는 마낭3,520m에서 레다르4,200m까지 고도를 올렸다. 해발을 높여 갈수록 풍경도 달라졌다. 한쪽에는 안나푸르나 2봉과 3봉이 흰 눈을 휘감고 늘어서 있었고, 다른 한쪽에는 풀 한 포기 없는 민둥산이 계곡을 따라 길게 이어졌다. 거대한 설산과 황량한 산맥이 동시에 시야에 들어오는 풍경은, 그 자체로 압도적이었다.

점심은 야카르카의 작은 식당 '라주'에서 먹었다. 메뉴는 다름 아닌 수제비. 이 낯선 히말라야 산골짜기 한복판에서 한국 음식을 만나다니, 그 순간만큼은 그저 감사하고 든든했다.

12km를 걸어 오후 3시 반, 드디어 레다르의 '솔랜드Soland' 롯지에 도착했다. 저녁은 간단했지만, 힘이 되는 잡채밥. 하루 종일 축적된 피로가 풀리며, 따뜻한 한 끼가 온몸에 스며들었다.

내일은 더 높은 고도, 토롱페디에서 하룻밤을 묵는다. 이틀만 지나면 고도가 낮은 곳으로 내려가겠지만, 지금은 여전히 고산병의 긴장감 속에 있다. 숨을 가다듬고, 천천히, 한 발씩, 이 길 위에서는 그것만이 최선의 방법이었다.

## 레다르 - 토롱페디, 야크 생활

오늘은 레다르보다 200m 높은 토롱페디4,450m로 향했다. 숙소는 '야크 숙박'. 말 그대로 비와 바람만 피할 수 있는 수준이었다. 난방은 없었고, 씻을 수도 없었다. 최소한의 생활만이 허락되는, 야생 속 하룻밤이었다. 레다르부터 이미 두꺼운 옷을 겹겹이 껴입어야 했으니, 불편함은 당연한 일이었다.

아침은 김과 된장국으로 간단히 채웠다. 토롱페디까지의 거리는 단 5km 였지만, 고도를 높이는 길이라 발걸음은 절대 가볍지 않았다. 낙석 구간을 지날 때면 순간 긴장이 몰려왔고, 실제로 산양이 위에서 돌을 굴려 돌멩이가 떨어지기도 했다. 그때의 서늘한 긴장감은 쉽게 잊히지 않는다.

정오 무렵, 마침내 토롱페디 숙소에 도착했다. 3시간 30분의 묵직한 발걸음 끝이었다. 점심은 짜장밥, 저녁은 튀김과 계란국. 소박했지만 고단한 몸에는 그 어떤 만찬보다 따뜻하게 스며들었다. 이곳에서의 야크 숙박은 마지막이었다.

내일은 드디어 대망의 토롱라Thorong La를 넘는다. 하루 14km, 약 13시간의 장거리 코스. 태어나 처음으로 5,400m를 넘어서는 순간이 기다리고 있었다. 인간이 정복한 산의 최고 높이는 8,800m라지만, 왜 고산에서는 모두가 각자의 '꿈'을 꾸게 되는 걸까. 나는 여전히 그 이유가 궁금했다.

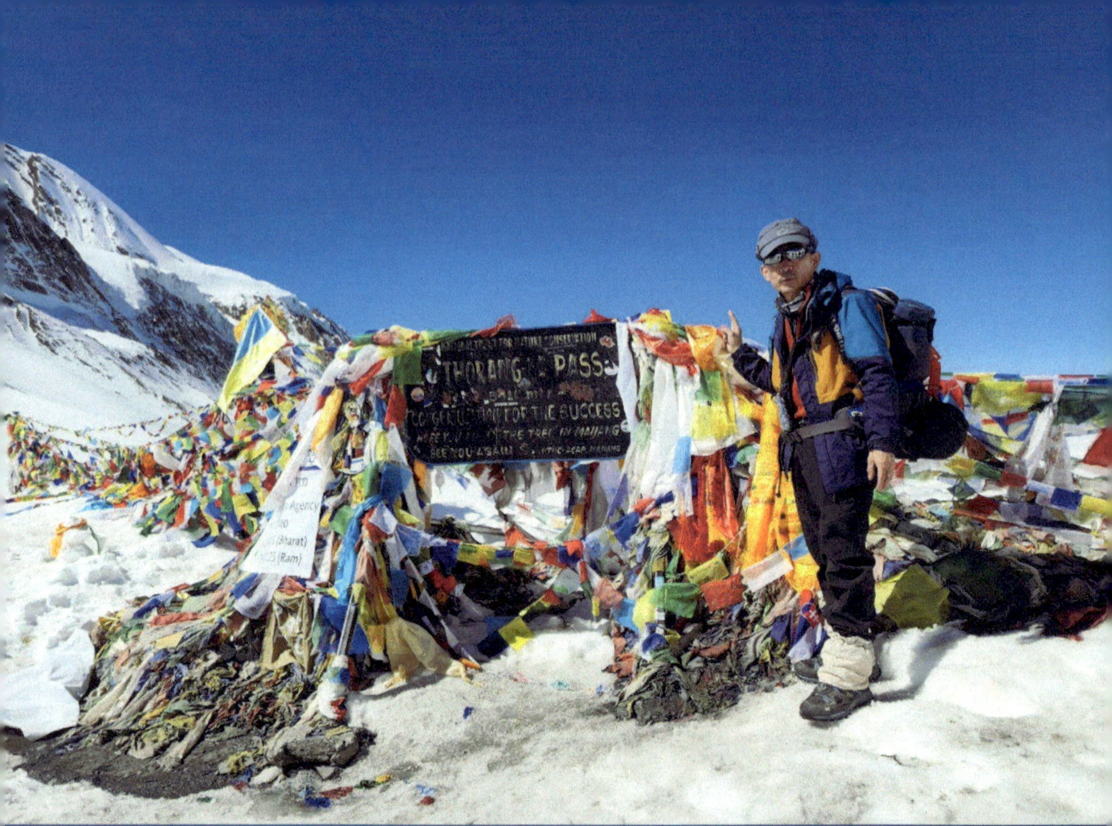
PASS
SUCCESS
SEE YOU AGAIN
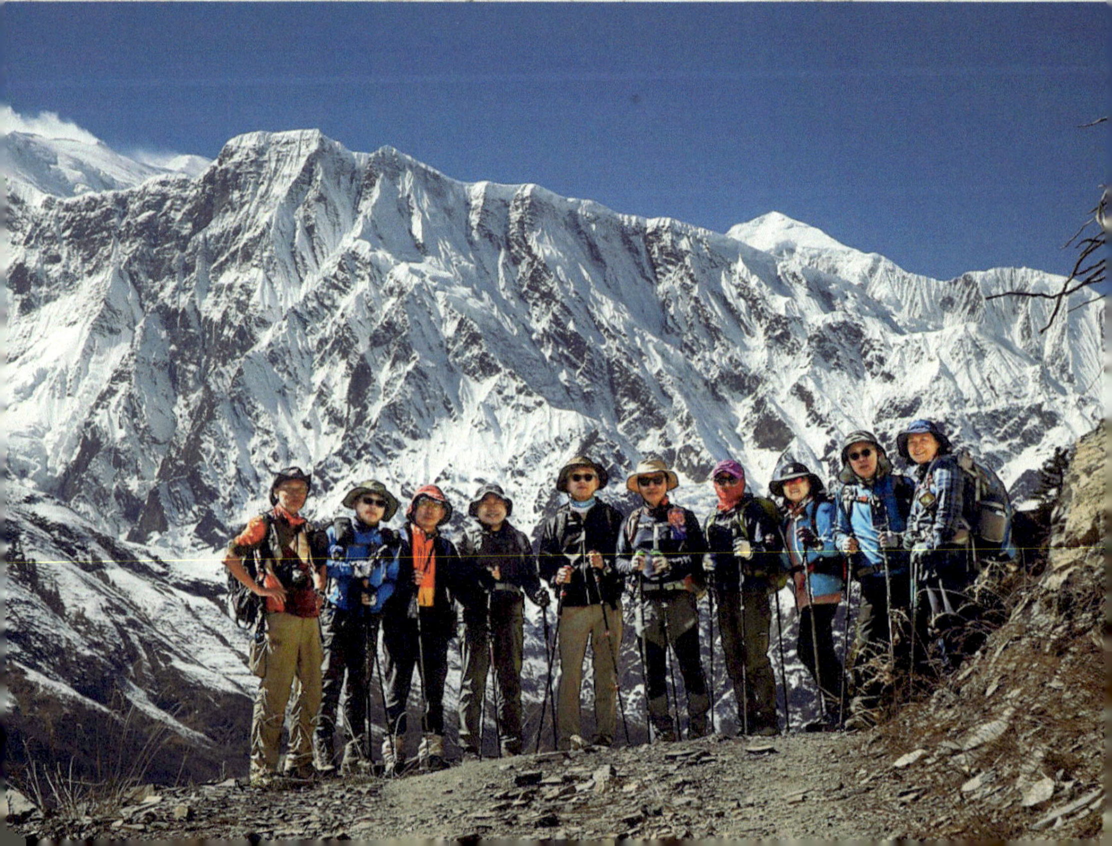

## 토롱라 - 묵티나트, 이름만으로 충분한 고개

대망의 토롱라를 넘는 날이었다. 새벽 3시 30분, 어둠 속에서 헤드랜턴 불빛만을 의지해 천천히 발을 옮겼다.

해발 5,416미터. 숨을 고르는 일이 곧 목숨과 이어진 높이였다. 공기는 얇아지고, 몸은 돌덩이처럼 무거워졌다. 옆 사람의 숨소리조차 크게 들려왔다. 누군가는 고요했고, 누군가는 거칠게 호흡했지만, 누구 하나 포기하지 않았다. 다만 눈 위에 남는 발자국처럼, 한 걸음, 또 한 걸음. 우리는 그렇게 침묵 속에서 각자의 고개를 넘고 있었다.

오전 11시를 조금 넘겨 마침내 정상에 닿았다.

'Thorong La Pass 5,416m'라 적힌 팻말 앞에서 사람들은 환호하며 사진을 찍었지만, 나는 잠시 하늘을 올려다보았다. 눈물이 핑 돌았다. 그 눈물은 누구를 위한 것도, 무엇을 위한 것도 아니었다. 오직 나 자신을 위한, 내안의 고개를 넘어선 증거였다. 그 순간 나는 다시 태어난 듯했다. 한 번 더 새로운 나를 얻은 듯, 그 자리에서 서 있었다.

내려와 도착한 묵티나트<sup>Muktinath, 3,800m</sup>. 힌두교와 불교 모두에게 신성한 이 땅은 순례자들의 발길로 가득 차 있었다. 아침부터 우리는 고요하게 숨을 죽이며 그 길을 걸었다. 흙먼지 날리는 길을 오르다가 문득, 어린 시절 어머니 등에 업혀 절을 오르던 기억이 떠올랐다. 그때도 힘들었지만, 그 고단함은 곧 위안이었다. 오늘도 그랬다. 먼 길을 걸어왔다는 사실만으로, 내 안의 무언가는 단단해지고 있었다.

## 묵티나트 - 좀솜

묵티나트 사원에 이르러 두 손을 모아 조용히 기도했다. 종교가 무엇이든 중요하지 않았다. 그저 살아 있음에, 그리고 여전히 걷고 있음에 감사할 뿐이었다.

마지막으로 108개의 물줄기 아래 서서 속으로 외쳤다.

"여기까지 잘 왔다. 그리고 앞으로도 잘 갈 수 있을 거야."

그 말은 신에게 바치는 기도가 아니라, 어쩌면 나 자신에게 건네는 다짐이었는지도 모른다. 묵티나트 시내를 약 세 시간 둘러본 뒤, 점심으로는 낯설지만, 정겨운 비빔면을 먹었다.

우리는 좀솜으로 향했다. 25인승 낡은 버스에 몸을 실었는데, 이 고물차

가 어떻게 아직 굴러가는지 그 자체가 놀라웠다. 창밖 풍경은 황폐하기만 했다. 나무 한 그루 없는 산, 먼지만 풀풀 날리는 땅. 그곳에서도 꿋꿋이 살아가는 사람들을 보며, '풀뿌리 인생'이라는 말이 문득 떠올랐다.

1시간 20분의 여정 끝에 좀솜의 호텔 '틸리초'에 도착했다. 좀솜은 묵티나트보다 작은 산골 마을이었지만, 공항이 있는 덕에 오가는 사람들로 활기가 감돌았다. 척박한 땅 한가운데 놓인 '관문 도시' 같았다.

## 좀솜 - 포카라

다음 날, 우리는 포카라로 향했다. 몸은 지쳐 있었고 감기 기운이 스멀거렸지만, 마음만은 한없이 가벼웠다.

이른 아침, 페와 호수 위로 잔잔한 물안개가 피어올랐다. 다시 돌아온 도시의 소음은 낯설게만 느껴졌다. 마치 긴 꿈을 마치고 현실로 돌아온 순례자가 된 듯했다.

그날 저녁, 우리는 마지막 만찬을 함께했다. 서로의 눈빛을 마주하며 웃었고, 잔을 부딪치며 지난 나날을 축복했다. 말하지 않아도 모두가 알았다. 이제 각자의 길로 돌아갈 시간이라는 것을. 누군가는 다시 일상으로, 누군가는 또 다른 여행으로.

그리고 나는, 이 모든 풍경과 호흡, 그리고 순간들을 가슴에 담은 채 다시 내 삶의 자리로 돌아왔다. 히말라야가 내게 안겨준 것은 단순한 추억이 아니라, 미래를 살아갈 또 하나의 힘이었다.

## 돌아오는 길 - 새로운 나

비행기를 타고 카트만두를 거쳐 한국으로 돌아오는 길은 조용했다. 창밖을 바라보며 이번 여정을 하나씩 되짚었다. 걷고, 넘어지고, 느끼고, 웃고, 울고. 그 모든 순간이 나였다.

　인생이라는 길도, 어쩌면 트레킹과 다르지 않다.
　때로는 숨이 차고, 때로는 길을 잃지만, 끝내 나아가면 결국 도달하게 되는 길. 나는 그 길을 걸었고, 이제 다시 걸을 수 있게 되었다.
　"다녀왔습니다."
　그 말을 가슴 깊이 새기며, 두 발로 조용히 땅을 디뎠다.

# 2장. 마르디 히말과 ABC, 또 다른 하늘을 걷다

**네팔, 마르디히말+베이스캠프 트래킹**

카트만두-피탐 데우랄리-포레스트캠프-하이캠프-뷰포인트-촘롱-지누단다-
도반-데우랄리-MBC-ABC

C.N-98560319

## 설렘과 낯섦의 경계에서

인천공항의 이른 아침 공기는 묘하게 들떠 있었다. 구름 낀 하늘 아래로 캐리어를 끌며 걷는 발걸음 하나하나가 마치 비행기 이륙 전 활주로를 달리는 것 같았다.

"2년 전 갔던 히말라야를 드디어!"

입가에는 잔잔한 웃음이 번졌다. 예전 같으면 가을 한복판에 제주 오름 몇 개 오르다 말았을 몸이 이제는 세계의 지붕을 향해 걷겠다며 이국의 바람을 기다리고 있다.

나이는 진작에 불혹을 훌쩍 넘긴 육십 중반의 중년. 인생도 한고비씩 넘

네팔/포카라
2024년 11월 13일 오전 10:22

긴 사람들 여러 명과 함께 떠나는 여행길이었다.

함께한 동료들은 대부분 나와 오래된 인연들이었다. 여행 작가 동문들과 등산, 걷기를 좋아하는 친구들. 그동안 제주 송당 오름을 수없이 걸으며 쌓아온 체력이 이번 여정의 든든한 밑거름이 되어줄 것이라 믿었다.

장장 7시간을 비행해 도착한 네팔의 수도, 카트만두<sup>Kathmandu</sup>. 첫 발을 디딘 이 도시는 상상 이상으로 복잡하고 낯설었다. 도로는 차와 사람과 오토바이로 붐비고, 길가의 먼지가 바람을 타고 얼굴에 닿았다. 하지만 그 혼란 속에서 이상하게도 안도감 같은 것이 느껴졌다.

이국적인 냄새와 그 틈으로 들리는 웃음소리, 노란 단풍처럼 흩날리는 기도 깃발들이 이곳이 '진짜' 트래킹이 시작되는 곳임을 상기시켜 주었다. 호텔에 짐을 풀고, 현지 가이드 '라나'와 만났다. 그는 선한 인상의 네팔인이었고, 짧은 영어와 능숙한 손짓으로 우리 일행에게 트레킹 준비 상황을 설명해 주었다. 고산병 주의 사항, 물 섭취량, 걷는 요령… 그리고 그의 마지막 한 마디 "Tomorrow, you walk with your heart." 가 내 가슴에 와닿았다.

그래, 이 여행은 단순한 걷기가 아니다. 몸이 아니라, '마음'으로 걷는 길일 것이다. 나의 지난 인생을 되돌아보는 길이고, 미래를 생각하게 하는 시간일지도 모르겠다.

그날 밤 호텔 창문 너머로 히말라야 능선이 흐릿하게 보였다. 아직은 멀리 있는 그러나 곧 발아래 놓이게 될 산들. 설렘과 두려움이 동시에 밀려왔다.

## 길 위의 첫 호흡

이른 아침부터 포카라Pokhara의 공기는 어딘가 투명했다. 도시라고 하기엔 소박하고 시골이라고 하기엔 분주한 이곳에서 우리는 트레킹의 출발점으로 향했다. 란데Rande 마을까지는 굽이굽이 산길을 따라 차로 이동했고, 그 뒤부터는 두 다리만이 의지할 수 있는 유일한 교통수단이었다.

드디어 피탐 데우랄리<sup>Pitam Deurali, 2,100m</sup>로 향하는 첫 발걸음을 뗐다. 길은 낯설고, 하늘은 높고, 발밑은 아직 도시의 온기가 남아 있었다. 하지만 몇 걸음 걷지 않아 바로 알아차렸다.

"이제 '진짜' 시작이구나."

출발과 함께 꾸준한 오르막이었다. 구불구불 이어지는 산길을 따라 걷는다는 건 단순한 이동이 아니었다. 걷는 내내 나 자신과 대화하게 된다.

"왜 왔지? 내가 이걸 할 수 있을까?"

하지만 그런 의심도 고요한 숲 소리와 가끔 들려오는 현지인들의 인사, '나마스떼' 그 한마디에 의심은 곧장 녹아내렸다.

해발 2,100미터의 피탐 데우랄리에 도착했을 땐 이미 해가 산 너머로 기울고 있었다. 첫날의 땀이 등줄기를 타고 흘렀고 다리는 무겁게 쑤셔왔지만, 마음은 오히려 가벼워졌다.

하늘은 파랗다 못해 보랏빛으로 물들어 가고 있었고, 어둠 속에서는 희미하게 별이 빛나기 시작했다. 그날 밤 우리는 전기도, 온수도, 와이파이도 부족한 작고 투박한 롯지에 몸을 눕혔다.

그곳엔 우리가 도시에서 잃어버렸던 침묵과 고요 그리고 진심이 있었다.

첫날의 발걸음은 그렇게 마무리되었다. 그리고 나는 진짜 걷는 것은 다리가 아니라 마음이라는 것이라는걸 다시 한번 느꼈다.


## 숲의 숨결 - 포레스트 캠프에서 로우 캠프로

우리는 '포레스트 캠프'라는 이름처럼 숲 한가운데 놓인 조용한 캠프에서 아침을 맞이했다. 밤새 보슬보슬 비가 내린 듯, 땅은 촉촉했고 나뭇잎 끝엔 작은 물방울들이 매달려 있었다. 새벽 공기는 차가웠지만 덕분에 정신은 맑았다.

우리는 해발 3,000미터에 가까운 고지를 향해 걷기 시작했다. 숲 사이로 햇살 한 줄기가 스르르 스며들었다. 그 빛이 구름 사이를 뚫고 나뭇잎 위를 부드럽게 쓰다듬을 때, 나는 말할 수 없는 감동에 휩싸였다.
"맞아, 이 감동에 내가 걷는 거지."

숲을 걸으며 서로 말은 하지 않았지만, 모두 마음속으로 같은 감동하고 있었을 것이다. 숲은 우리들을 시험하면서도 한편으로는 존재 자체만으로 아무 말 없이 우리를 위로해 주고 있었다.

오후가 되자 바람이 거세졌다. 고도가 올라갈수록 나무는 점점 키가 낮아지고 바람은 강하게 불었다. 그리고 마침내 로우캠프<sup>Low Camp, 2,995m</sup>에 도착했다.

로우캠프의 새벽 공기는 날카로웠다. 얼굴에 닿는 공기가 바늘처럼 차갑게 스며들었다. 그 차가움 속에서 우리는 조용히 배낭을 챙긴 후에 묵직한 다리를 다시 들어 올렸다.

오늘의 목적지는 첫 번째 고산지대인 해발 3,550m의 하이캠프<sup>High camp</sup>였다. 나는 천천히 숨을 고르며 고개를 가로저었다. 누구도 가벼운 표정은 아니었다. 웃는 얼굴 뒤에 숨겨진 고단함. 고산이 주는 압력은 겉이 아니라 속에서부터 밀려왔다.

저녁 무렵, 하이캠프에 도착했다. 구름 위로 솟아오른 설산과 바람 속에서 휘날리는 기도 깃발 그리고 땀범벅이 된 동료들의 환한 웃음. 숨은 차올랐고, 다리는 떨렸고, 입술은 바짝 말랐지만 믿기지 않을 만큼 눈 앞에 펼쳐진 풍경 하나만으로 모든 고단함이 지워졌다.

이튿날 아침에는 뷰포인트<sup>View Point</sup>까지 올라가야 했다. 산등성이에서 바라본 풍경은 말 그대로 '하늘 아래 풍경'이었다. 햇빛이 설산을 핥듯 밝게 비추고, 그 아래엔 수천 년 묵은 산골짜기들이 고요히 잠들어 있었다.

## ABC 캠프로 가는 길

우리는 포레스트캠프에서 하룻밤을 지내고, 지누단다와 촘롱을 거쳐 시나와를 지나 'ABC 캠프'로 가야했다. 포레스트캠프에서의 잠자리은 포근했지만, 마음은 벌써 내일의 높은 고도를 향하고 있었다.

"오늘은 다시 마을로 내려갑니다. 촘롱까지 간 뒤, 시누와까지요."

가이드의 말에 모두 고개를 끄덕였다. 하지만 내 마음은 조금 이상했다. 산 중턱의 외딴 캠프에서 다시 문명의 기척이 있는 마을로 들어선다는 것은 어쩐지 문명의 안락함을 반가워하면서도, 순수한 자연에서 멀어진다는 아쉬움이 있었다.

내가 본 지누단다는 아담한 마을이었다. 작은 집들과 계단식 밭, 그리고 사람들 모두가 여유롭고 천천히 살아가고 있었다. 거기서 마셨던 따뜻했던 짜이 한 잔, 그리고 고단한 다리에 닿은 포근한 햇볕 한줄기.

　그 순간, 나는 이 트레킹이 단순한 여행이 아닌 삶의 '다시 보기'가 되고 있다는 걸 느꼈다.


　촘롱Chhomrong에 도착하니 사람들의 웃음소리와 학교에서 흘러나오는 아이들 노랫소리가 들려왔다. 너무도 평범한 일상이 이곳에선 경이로웠다. 세상과 멀어졌을 때 일상의 고마움은 더욱 또렷하게 다가오는 법이다.


　이후 촘롱에서 시누와까지는 오르락내리락하며 끝없는 돌계단의 연속이었다. 이마에서 흘러내리는 땀이 입술을 타고 내려오고 숨은 거칠어졌지만 누군가 뒤에서 말했다.
　"이 길도, 곧 그리워질 거예요."
　그 말에 고개를 돌려 그 사람을 바라봤다. 그 눈빛 속에는 '이미 산을 알고 있는 이'의 담담한 다정함이 있었다.

## 도반에서 데우랄리까지

시누와를 지나니 세상은 다시 조용해졌다. 이제는 진짜 산속이다. 휴대
폰 신호도 사라지고 마을도 점점 자취를 감춘다. 도반<sup>Dovan</sup>으로 가는 길은
짙은 숲을 지나야 하는데, 흐르는 강물 소리, 나뭇가지 흔들리는 소리, 그리
고 나의 발소리만 들릴 뿐이었다.

도반에서 점심을 먹고 다시 길을 나섰다. 숨이 조금씩 가빠지고 걸음은
무거워졌지만 등 뒤에서 히말라야의 기운이 조금씩 등을 밀어주고 있는듯

했다. 마치 '이제 진짜 히말라야의 품으로 들어선다'라고 속삭이는 듯, 모든 게 고요하고 조용했다.

데우랄리Deurali에 도착한 저녁, 숙소 창문으로 눈이 내렸다. 밤공기가 매섭게 차가웠지만 나는 오히려 더 가슴이 뜨거워졌다. '내일이면 그토록 꿈꾸던 안나푸르나 베이스캠프에 서 있겠지.' 잠들기 전, 나는 머릿속으로 자주 되뇌었던 말을 떠올렸다.

"산은 정상을 밟으러 가는 게 아니라, 자신을 만나러 가는 길이다."

## 해발 4,130미터, 그곳에 서다 – MBC에서 ABC까지

새벽녘 무렵 우리는 데우랄리를 출발했다. 어둠 속, 헤드랜턴의 빛만이 우리를 비췄다. 어느새 숲은 사라지고 계곡과 설산이 눈앞에 드러났다.

MBC마차푸차레 베이스캠프에 도착하니 하늘이 붉게 타오르고 있었다. '어머니의 산'이라 불리는 마차푸차레가 눈앞에 있는 게 꿈만 같았다. 그 아름다움은 사진이나 어떠한 말로는 도저히 다 담아낼 수 없는 감동이었다.

마지막 구간, 숨이 턱 막히도록 고단한 경사길이 놓였다. 그러나 그 끝에는 그토록 기다렸던 ABC<sup>안나푸르나 베이스캠프</sup>가 펼쳐졌다.

해발 4,130미터의 하늘 아래 세상 모든 고요함이 모이는 듯한 그곳엔 산들이 사방에서 나를 둘러싸고 있었다. 태초의 침묵, 대지의 품, 그리고 나 자신만 있었다. 나는 말없이 눈물이 흐르는 상태 그대로 서 있었다. 그땐 산이 나에게 말했다.

"여기까지 잘 왔어"

이제 내려가는 길만 남았다. 하지만 내 마음속엔 영원히 지워지지 않을 안나푸르나의 설경과 그곳에서 만난 '나 자신'이 남아 있었다.

## 내려가는 길, 돌아보며 걷다 (ABC → 밤부)

아침 일찍부터 ABC의 설원 위를 걷기 시작했다. 전날 저녁엔 눈발이 꽤 날렸지만, 아침 ABC의 풍경은 맑고 투명했다. 안나푸르나는 마지막 인사를 준비하듯 햇살을 이마 위에 뿌려주었다.

나는 뒤돌아 몇 번이고 그 하얀 능선을 바라보았다. '지금, 이 순간이 꿈은 아닌가.' 이런 감정을 느낀 게 몇 년 만인지도 모르겠다.

MBC와 데우랄리를 지나며 천천히 내려갔다. 오를 땐 발걸음마다 숨이 턱에 찼었는데 내려갈 때도 다리가 후들거렸다. 더 이상 숨이 가쁘진 않았지만, 대신 '이 여정이 끝나가고 있다'라는 아쉬움이 마음에 자리 잡았다.

도반을 지나 밤부까지 계단길과 오솔길이 반복되었다. 습한 숲이 다시 우리를 감쌌고 머리 위로 새들이 날고 있었다. 밤부의 작은 롯지에 도착했을 때, 나는 배낭을 벗어 벤치에 올려두고 잠시 하늘을 올려다봤다.

"우리가 정말, 거길 다녀왔구나."

동료의 말에 고개를 끄덕였다. 하지만 나는 속으로 생각했다.

'우리가 그곳에 다녀온 것이 아니라, 그 산이, 그 고요한 자연이 우리를 잠시 품어줬던 게 아닐까.'

## 일상으로 돌아가는 길, 그러나 나는 조금 달라져 있었다
### (밤부 → 포카라)

마지막으로 하산하는 날 아침, 밤부에서부터 지누단다까지 이어지는 길은 묘하게 익숙하면서도 낯설게 느껴졌다. 올라올 땐 헉헉대며 계단 길을 올랐는데, 이번엔 계단길을 내려가는 내내 무릎이 울고 있었다.

계단 아래마다 '이제는 작별이다' 하는 말이 숨어 있었다. 나는 손으로 바위를 쓰다듬고 나무에 기대어 숨을 돌리며 자꾸만 뒤를 돌아봤다.

지누단다에서 마지막 점심을 먹고, 우리 일행은 포터들과 눈을 마주쳤다. 말은 통하지 않아도 그들의 등과 손, 눈빛만으로도 진심은 전해졌다.
"감사합니다. 정말 감사했습니다."

그들과 헤어지기 전, 나는 그동안 묵직하게 들었던 내 배낭을 다시 한번 껴안았다. 그건 짐이 아니라 나의 시간 들이었다. 나야풀에서 다시 차를 타고 비포장도로를 달리며 포카라로 돌아오던 길. 창밖의 들판, 강물, 사람들… 모든 것이 갑자기 너무 빨리 지나갔다.

2부 – 길 위에서 다시 태어나다

포카라에 도착한 밤, 샤워를 하고 하얀 시트를 펼친 침대에 누웠지만 내 마음은 여전히 산속에 있었다. 눈을 감으니, 안나푸르나가 또렷하게 머릿속에 떠올랐다. 하얀 설산, 고요한 대지, 푸른 하늘 그리고 그곳에서 만난 조금은 더 단단해진 '나 자신'.

## 마무리하며…

이제 나는 다시 일상으로 돌아간다. 그러나 돌아가더라도 이젠 이전의 내가 아니다. 히말라야는 내게 많은 것을 주었고, 나는 거기서 '무언가'를 두고 왔다.

그리움일까? 아니면 감사일까?

아마 둘 다일 것이다. 언젠가 다시 그 산이 또 나를 불러줄 날을 기다리며 나는 오늘도 일상의 길을 걷는다.


"당신의 행복을 확인하고 싶으면 히말라야로 산행을 와라."

# 3장. 낯선 낭만, 동유럽의 시간

## 체코-오스트리아-크로아티아-슬로베니아

## 인천국제공항

비행기 이륙 시간 두 시간 전. 공항은 낯설게 조용했다. 언제나 북적였던 출국장은 잔뜩 긴장한 공기만이 떠다녔다. 누군가는 마스크를 두 겹으로 겹쳐 쓰고, 또 누군가는 장갑까지 낀 채 손잡이를 피했다. 낯선 병의 이름이 우리 일상 깊숙이 들어온 첫 순간이었다.

아내는 출국 심사대 앞에서 내 팔을 꼭 잡았다.

"여보, 정말 괜찮을까? 이 시국에…"

그 말이 끝나기도 전에 나는 조용히 고개를 끄덕였다. 사실 나도 마음이 편치 않았다. 하지만 떠나지 않으면 안 될 것 같았다. 어딘가 멀리, 아주 멀리 가야만 지금의 혼란스러움에서 벗어날 수 있을 것 같았다. 마치 무언가 끝자락에 서 있는 느낌. 그 끝에서 나는 내가 살아 있다는 걸 확인하고 싶었다.

출국장 안으로 들어서며 한 번 뒤를 돌아보았다. 이번 여행이 인생의 어느 장을 닫고 새로운 페이지를 넘기는 일처럼 느껴졌기 때문이다.

비행기에 오르기 전, 창밖 활주로를 바라보며 혼잣말처럼 중얼거렸다.

"한 번쯤은, 이런 비상도 필요한 거야."

기내는 평소보다 훨씬 조용했다. 불 꺼진 기내에서 옆자리 아내는 눈을 감고 있었고, 나는 불현듯 우리 회사를 처음 시작하던 시절을 떠올렸다.

　전세버스 한 대, 거리에 뿌려진 명함, 첫 계약서를 들고 돌아오던 날, 떨리던 손끝의 기억까지.

　그동안 참 열심히 달려왔다. 일에 치이고, 사람에 부딪히고, 가족에게도 미안할 만큼 자신을 갈아 넣어가며 버텨왔다. 그런데 정작 나는… 내 마음이 어디를 향하고 있었는지 놓치고 살았다. 이번 여행은 그런 나를 다시 데려오기 위한 여정 같았다.

　비행기는 밤하늘을 가르며 유럽을 향해 날았다. 창문 아래로 어두운 구름이 흘러가고, 그 아래 어딘가에는 여전히 바이러스와 싸우는 사람들이 있었을 것이다.

　그런데도 나는 마음속으로 한마디를 되뇌었다.

　"그래도 가보자. 지금이 아니면… 또 언제 이런 시간을 만들 수 있겠어."

　그렇게 우리는, 코로나의 그림자 아래서도 유럽으로 향하는 비행기에 몸을 실었다. 지금 와서 돌이켜보면, 그 출발은 단순한 여행이 아니었다. 삶에 지친 내가 내게 건넨 작은 위로와 자유의 선언이었다. 불안 속에서도 나아가기로 한 용기가, 나를 다시 살게 했다.

## 체코, 프라하 – 오래된 도시의 미소

비행기 착륙 안내 방송이 흐르자, 나는 먼 시간을 거슬러 도착한 듯한 기분이 들었다. 하지만 비행기 문이 열리고 차가운 바람이 뺨을 스칠 때, 이상하게 익숙한 감정을 느꼈다. 무거웠던 공항의 공기와는 달리, 이곳의 공기는 맑고 느긋했다.

프라하Prague. 처음 듣던 건축 양식의 이름들, 어린 시절 교과서 사진으로

만 보았던 까를교, 낯선 체코라는 나라.

첫날 밤, 버스는 프라하성 언덕을 향해 천천히 올라갔다. 버스 창 너머로 펼쳐진 야경. 불빛이 물 위로 번지고, 도시 전체가 마치 하나의 동화 속 성처럼 느껴졌다.

까를교 위를 걸을 때, 나는 마치 아주 오랜 옛날로 돌아간 듯한 착각에 빠졌다. 어깨를 나란히 한 아내가 갑자기 내 팔짱을 끼었다.

"여보, 봐. 진짜 영화 같아. 꿈꾸는 것 같지 않아?"

나는 대답 대신 고개만 끄덕였다.


왜 그리 코끝이 찡했던 걸까.

이토록 아름다운 곳에, 가장 소중한 사람과 함께 있다는 사실이 이상하

리만치 벅차올랐다.


도시에는 마스크를 쓴 사람이 없었다. 모두가 천천히 걷고, 서로를 마주

보며 웃었고, 카페에서는 노인과 아이가 아무렇지 않게 마주 앉아 빵을 나눠 먹었다. 그 평온한 장면 속에서 나는 다시금 '삶'이라는 단어를 곱씹었다.

나는 언제부터 그렇게 조급하게 살았을까.
왜 늘 앞만 보고 달리기만 했을까.

다음 날 아침, 구시가지 시계탑 앞에 섰을 때, 시계가 종을 울리며 12시를 알렸다. 그 순간 나는 시계보다 사람들을 바라보았다. 서로를 향해 셔터를 누르는 여행객들, 웃으며 손을 흔드는 연인들, 그리고 한참을 그 자리에서 멈춰 있는 노부부의 뒷모습. 마치 프라하가 내게 조용히 속삭이는 듯했다.
"시간은 흘러도, 네 마음속 풍경은 멈출 수 있어."

점심으로 빵과 수프가 나왔다. 평소 같았으면 '입맛에 안 맞는다'라고 투덜댔겠지만, 그날은 유난히 빵이 고마웠다. 그 나라의 삶이 고스란히 담긴 음식 같았고, 빵 하나에도 역사가 스며 있는 듯 느껴졌다.

저녁 무렵, 숙소로 돌아오는 길. 나는 아내에게 물었다.
"여보, 지금 행복해?"
그녀는 한참을 바라보다 말했다.

"응, 지금 여기선… 아무 걱정 없어."

그 말을 듣는 순간, 나는 이번 여행을 결정하길 정말 잘했다고 생각했다.


프라하. 너는 내게 처음으로 '쉼'이라는 것을 가르쳐준 도시였다. 오래된 건물 속에서도 살아 숨 쉬는 따뜻함, 낯선 골목을 걷는 동안 피어나는 익숙한 미소, 그리고 무엇보다 지금 내 곁에 있는 사람과 함께여서 더욱 빛났던 시간. 프라하의 밤은 내 인생에서 가장 조용한 위로였다.


그곳에서 나는, 어쩌면 처음으로 지금, 이 순간만으로도 충분하다는 것을 배웠다.


## 오스트리아 비엔나 – 음악보다 깊은 고요


"우리가 지금 서 있는 이곳, 쇤브룬 궁전입니다."

가이드의 목소리는 밝았지만, 내 마음만큼은 그다지 가볍지 않았다. 궁전의 외벽은 햇살을 머금고 금빛으로 빛났지만, 나는 그 화려함보다 그 속에 숨은 무언가가 자꾸 마음에 걸렸다.

조금 전, 한국에서 날아온 지인의 문자.

"대구에서 코로나 집단감염 났대."

짧은 한 문장이었지만, 가슴 한편이 털썩 무너져 내렸다. 황금빛 장식, 대리석 기둥, 끝이 보이지 않는 정원길. 아름답다는 생각보다 '조용하다'라는 느낌이 먼저 다가왔다. 수많은 궁전 중 하나일지도 모르지만, 그날의 비엔나는 유독 내 마음 깊은 곳까지 스며들었다.

"여보, 무슨 생각해?"

아내가 내 옆에서 조용히 물었다. 나는 잠시 말이 없었다. 그저 그녀 손을 잡고, 쉰 듯한 숨을 내쉬며 답했다.

"그냥… 고요해서 좋아."


시내 카페에 앉아 진한 커피를 마셨다. 밖은 겨울인데도 햇살은 따뜻했다. 사람들은 마스크 없이, 여유롭게 담소를 나누고 신문을 넘겼다. 그 평범한 모습이, 그날 내겐 눈물이 날 만큼 부러웠다.

"언제부터 우리는 일상조차 경계하며 살아야 했지?"


박물관, 미술관, 오페라 하우스를 거닐며 나는 잠시 잊고 있던 '내 감정'의 소리를 들었다. 고요함 속에서 피어나는 익숙하지만 오래 잊고 지낸 감정이었다. 음악의 도시라지만, 그날의 비엔나에서는 음악보다 깊은 침묵이 나를 감쌌다.

"비엔나에서는 화려한 궁전보다, 아내의 손을 꼭 잡은 그 순간이 가장 찬란했다."


## 슬로베니아 블레드 – 호수에 비친 우리 얼굴


버스가 산을 넘고 계곡을 지나 마침내 호수 앞에 섰을 때, 모두가 동시에 말을 잃었다.

"이곳이 블레드Lake Bled예요."

가이드의 한마디가 한 폭의 그림에 설명을 붙이듯 천천히 귓가를 스쳐 갔다. 호수는 얼어 있었고, 햇빛은 그 위를 은처럼 반사하고 있었다. 깊은 숲, 눈 덮인 지붕, 조용한 물가. 말로 설명할 수 없는 평화. 나는 말없이 호숫가 벤치에 앉았다. 그리고 아내도 조용히 내 옆에 앉았다.


말은 없었지만, 손이 닿는 순간 서로를 느낄 수 있었다.

"여보, 우리 젊었을 땐 이런 데 와본 적 있었나?"

그녀가 물었다. 나는 웃으며 고개를 저었다.

"아니. 그땐 돈도 없고, 여유도 없고, 지금처럼 마음의 자리도 없었지."

작은 나무배를 타고 호수를 건너 중앙 섬에 도착했을 때, 아내가 나를 바라보며 말했다.

"여보, 이런 데서 사진 한 장 찍어야지. 당신 웃는 얼굴로."

나는 부끄럽게 웃으며 얼어붙은 호수와 나무들 사이에서 살짝 미소 지었다. 사진 속 나는 그 어느 때보다 편안하고, 인간적이었다.


블레드에서는 카페가 닫혀 커피를 마시지 못했다. 하지만 이상하게도 그날 하루는 정말 따뜻했다. 커피가 아닌 '감정'이 내 마음을 덮어주고 있었다. 버스가 다시 언덕을 내려올 때, 나는 창밖으로 눈 덮인 숲을 바라보며 혼잣말을 했다.

"이런 데서 살아도 괜찮겠는데…"

그때, 아내가 말했다.

"당신, 이제 좀 웃는구나."

"블레드 호수에 비친 건 우리 둘의 얼굴이 아니라, 우리 인생의 가장 순한 장면이었다."


## 크로아티아 플리트비체 호수 국립공원

플리트비체<sup>Plitvicka Jezera</sup>에 도착했을 때, 이미 발끝까지 겨울이 내려앉아 있었다. 온통 하얗게 얼어붙은 세상. 폭포는 흐르지 않고, 그저 얼음으로 굳은 채 고요하게 우리를 내려다보고 있었다. 하지만 그 고요함 속에는 이상하게도 무언가가 '흘러가고' 있었다. 바로 내 마음이었다.

얼어붙은 나무들 사이를 걷는 동안, 나는 젊은 날을 자꾸 떠올렸다. 아이를 키우고, 회사를 키우고, 잠시도 멈출 수 없었던 시간들. 그때의 시간엔 오직 '앞으로'만이 있었다. 그런데 그날의 나는 멈춰 있었고, 흐르지 않는 강물처럼 조용히 뒤를 돌아보고 있었다.

2부 - 길 위에서 다시 태어나다

"당신, 조심해. 미끄러워."

아내가 내 팔을 잡아주었다. 나는 그 순간, 이 여행이 단순한 관광이 아니라 우리 둘의 '삶을 내려놓는 연습'이라는 걸 깨달았다.

사람들은 '얼어붙은 폭포는 감흥이 없다'라고 말했지만, 나는 오히려 그 얼어붙은 풍경이 좋았다. 움직이지 않아도, 흐르지 않아도, 그 자체로 아름다운 시간이 있다는 걸 처음 알았기 때문이다.


벤치에 앉아 조용히 숨을 고르며 아내에게 물었다.

"여보, 당신은 언젠가 내가 이 일을 내려놓을 줄 알았어?" (전세버스 사업 이야기였다)

아내는 고개를 끄덕였다.

"언젠가는⋯ 하지만, 이렇게 잘 놓을 줄은 몰랐지."

나는 웃었다. 그리고 생각했다.

'흘러가는 건 시간만이 아니었구나.'


"플리트비체에서 나는 배웠다. 흐르지 않아도 괜찮다는 것. 멈춘 시간 속에서도, 우린 여전히 살아 있다는 걸."

## 크로아티아 두브로브니크 – 바다 끝에서 나를 만나다

버스 창 너머로 푸른 바다가 펼쳐졌다. 그 순간, 내 심장이 조용히 떨렸다. 아드리아 해. 지중해도, 발칸도 아닌 딱 그 중간 어디쯤에서, 나는 진짜 내 마음과 마주했다.

두브로브니크Dubrovnik는 거대한 성벽 도시였다. 이방인을 품으면서도 쉽게 내주지 않는, 어딘가 쓸쓸하고 단단한 표정이었다.

나는 마치 내 인생 후반전을 그 성벽 안에 들여놓는 기분으로 천천히 길을 걸었다. 높은 성벽을 따라 걷는 동안, 바다 냄새와 햇살, 바람이 마음 깊숙이 스며들었다.

"여보, 이 바다를 보고 있으니… 그냥, 살고 싶다는 생각이 드네."

아내는 고개를 끄덕이며 햇살 속에 웃었다. 그 웃음엔 '나도 그래요'라는 말이 담겨 있었다.

도시를 내려다보는 전망대에 올랐을 때, 나는 우리 인생의 지도를 그려보았다. 서울, 제주, 그리고 지금 여기. 그중에서도 지금, 두브로브니크에서 마주한 나는 가장 정직했다.

저녁 무렵, 노을이 바다를 붉게 물들였다.

아무 말 없이 바라보며, 나는 아내의 손을 다시 꼭 잡았다.

"이제, 우리 삶은 좀 더 느리게 가도 되겠지?"

아내는 대답 대신 내 손을 감싸 쥐었다.


그날 밤, 호텔 창밖으로 파도가 부서지는 소리가 들렸다. 그건 마치 오랜 시간 내 안에 웅크리고 있던 내가 조용히 깨어나는 소리처럼 들렸다.

"두브로브니크는 내 인생의 가장 끝에서 가장 처음의 나를 만나게 한 도시였다. 그 바다 끝에서, 나는 다시 시작하고 싶어졌다."

## 다시 돌아오는 길 위에서

비행기 착륙을 알리는 안내 방송이 들려올 때, 나는 창밖을 오래 바라보았다. 희뿌연 하늘, 익숙한 아스팔트 활주로, 그리고 마음속에 차오르던 한 문장.

"이제 돌아가야 한다."

그 문장은 생각보다 무겁지 않았다.

여행을 마친 아쉬움도, 돌아갈 일상을 향한 걱정도 그저 고요하게 스며드는 안개 같았다. 공항 게이트를 나서는 순간, 한국의 공기는 전과 달랐다. 마스크를 쓴 사람들, 귀국장을 가득 채운 긴장과 안내 방송.

"지금 한국은… 우리가 떠날 때보다 더 심각해졌네."

아내가 말했다. 나는 아무 대답도 하지 않았다. 그저 그녀 손을 다시 잡았다. 그것만으로 충분했다. 우리는 함께였고, 우리는 돌아왔고, 우리는 아직 괜찮았으니까. 버스 회사 직원이 마중을 나와 있었다. 오랜만에 보는 익숙한 얼굴들. 그들의 표정엔 반가움과 걱정이 뒤섞여 있었다.

"사장님, 별일 없으셨죠?"

"예. 덕분에 무사히 잘 다녀왔어요."

짧은 인사였지만, 그 말에 담긴 감정은 결코 가볍지 않았다. 우리가 떠나 있던 9일, 이 땅은 그야말로 혼란의 소용돌이였다는 걸 우리는 확인할 수 있었다.


여행은 끝났지만, 삶은 계속된다.

그리고 나는 이제, 그 삶을 다르게 살아갈 수 있다는 걸 알게 되었다.

"돌아온다는 건 단지 집으로 가는 것이 아니라,

새로운 나로 돌아오는 것이다."

# 4장. 서유럽에서 만난 예술과 삶

이탈리아-베니스-스위스-프랑스

2부 - 길 위에서 다시 태어나다

## 이탈리아에서의 첫날밤

13시간의 긴 비행 끝에, 현지 시각 저녁 5시 50분. 한국이라면 이미 자정을 훌쩍 넘긴 시간이었다. 레오나르도 다빈치 공항에 발을 내딛는 순간, 어깨 위로 묘한 무게가 내려앉았다. 끝없이 이어지는 터미널, 쏟아져 나오는 사람들의 발걸음, 낯선 언어가 파도처럼 밀려왔다. 공기의 결도 달랐다. 차갑지도 따뜻하지도 않은, 그러나 분명 한국과는 다른 숨결이 폐 속으로 스며들었다.

공항 밖으로 나오자마자 다시 긴 여정이 시작되었다. 숙소까지는 3시간 더 달려야 했다. 차창 밖으로 스치는 도시는 낯설고도 묘하게 익숙했다. 영화 속에서만 보던 풍경이 실제로 눈앞에 펼쳐지고 있었지만, 피로와 시차는 그 낭만마저도 조금은 흐리게 만들었다.

오늘의 숙소, 디글라이믹 호텔. 이름만 들었을 때 떠올렸던 화려한 유럽식 호텔과는 전혀 달랐다. 소박한 방, 일회용품 하나 없는 세면대, 조금만 몸을 움직여도 삐걱거리는 낡은 침대. 기대와 현실 사이의 간극이 선명하게 다가왔다. 그러나 그것마저도 여행의 일부였다.

밤이 깊도록 좀처럼 잠은 오지 않았다. 시차 때문일까, 아니면 새로운 대륙에서 시작될 여정에 대한 설렘 때문일까. 천장을 바라보며 스스로에게 속삭였다.

"이곳이, 나의 여행의 시작이구나."

마음 한켠에 묵직한 각오를 품은 채, 첫날 밤은 그렇게 깊어 갔다.

## 이탈리아 - 폼페이 유적지

호텔 조식은 단출했다. 빵과 야채, 간단한 음료가 전부였지만, 여행의 긴 하루를 시작하기엔 충분했다. 오전 7시 반, 우리는 버스에 올라 3시간을 달렸다. 도착한 곳은 역사 속에 잠긴 도시, 폼페이Pompei 유적지였다.

폼페이는 베수비오 화산 폭발로 한순간에 잿더미 속으로 묻힌 도시다. 입구를 지나 걸음을 옮길 때마다, 2천 년 전 그날의 공포와 고요가 공기 속에 배어 있는 듯 느껴졌다. 부서진 벽돌과 유적, 바닥에 새겨진 거리의 흔적 하나하나가 시간의 무게를 품고 있었다. 발걸음을 옮길 때마다 그곳에 살

앉던 사람들의 숨소리와 삶이 귓가에 맴도는 듯했다.

특히, 대로변의 원형극장과 집터 사이를 지나며, 나는 문득 당시 사람들의 일상과 공포를 떠올렸다. 화산재 속에서 멈춰버린 몸과 사라진 이야기는 시간과 공간을 뛰어넘어 나에게 묵직한 울림을 주었다.

유적지를 벗어나 창밖을 바라보면, 푸른 바다 위로 빛나는 소렌토와 세계 3대 미항이라는 나폴리 항구가 스쳐 갔다. 아말피 해안과 카프리섬은 그림처럼 펼쳐져, 고대의 침묵과 현대의 풍경이 묘하게 대비를 이루었다. 폼

페이의 잿빛 기억과 눈앞의 푸른 풍경은 서로 다른 시간 속에서 공존하며, 마음을 한층 깊게 적셨다.

점심은 정통 이탈리아 파스타, 저녁은 돼지고기와 파스타가 어우러진 현지식. 음식은 낯설었지만, 진한 풍미가 여행의 피로를 잠시 잊게 했다.

민호 가이드가 로마 역사와 한국 역사를 비교해 설명하자, 고대 로마가 한층 가까워진 듯했다. 농담 섞인 그의 꾸중에 모두 웃음이 번졌다. 몸은 지

쳤지만, 마음은 꽉 찬 하루였다.


## 이탈리아 - 로마 시내 투어


　새벽 3시, 눈이 저절로 떠졌다. 한국 시각으로는 이미 아침 10시가 훌쩍 넘은 시각이었다. 침대에 앉아 창밖 어둠을 바라보며, 잠시 몸과 마음을 가다듬었다. 잠시 휴식을 취한 뒤, 쌓여 있던 전화와 문자를 정리하며 정신을 가다듬었다.

간단히 아침을 먹고 호텔을 나서자, 로마의 공기가 코끝을 스쳤다. 아직 이른 시간이었지만 도시는 이미 깨어 있었고, 길거리에 울려 퍼지는 자동차 경적과 사람들의 발걸음이 분주하게 어우러졌다. 나는 발걸음을 천천히 옮기며, 고대와 현대가 공존하는 로마의 숨결을 온몸으로 느꼈다.

로마 시내 투어의 첫 목적지는 바티칸 박물관Vatican Museums 이었다. 입구를 지나 복도를 따라 걸을수록 벽과 천장에 새겨진 예술의 힘이 압도적으로 다가왔다. 마침내 미켈란젤로의 걸작, '천지창조'와 '최후의 심판' 앞에 섰을 때, 숨이 잠시 멈춘 듯했다. 붓과 색채로 500년 전 사람의 혼이 그대로 살아 숨쉬는 느낌이었다. 나는 그 앞에서 한참을 서서, 감탄과 경외심에 마음을 맡겼다.

점심은 간단하게 파스타와 돼지고기를 곁들였다. 무더위 속에서도 발걸음을 멈출 수는 없었다. 콜로세움으로 향하는 길, 나는 수천 년 전 검투사들의 함성과 시민들의 환호를 상상하며 그 벽돌 사이를 천천히 걸었다. 그 흔적 하나하나가 로마의 영광과 긴 세월을 이야기하고 있었다.

트레비 분수Fontana di Trevi 앞에서는 동전을 던지며 소원을 빌었다. 주변을 둘러싼 관광객들의 웃음소리와 물소리가 어우러져 한 폭의 그림 같았다. 잠시 햇살 아래 앉아, 지나온 길과 남은 여행을 떠올리며 마음을 정리했다.

저녁에는 삼겹살로 하루를 채웠다. 한국의 맛이 낯선 땅에서 느껴지는 작은 위안이었다. 함께 모여 잔을 기울이며 오늘의 순간을 나누었다. 여행은 단순한 이동이 아니라, 하루를 살아가는 또 하나의 방식임을, 나는 다시금 깨달았다.


## 이탈리아 - 피렌체, 베니스

아침 7시, 디글라이믹 호텔에서 짐을 챙기고 로마를 떠났다. 피렌체Firenze

를 향한 길 위, 창밖으로 스며드는 햇살은 이미 여정을 알리는 듯 강렬하게 내리쬐었다. 르네상스의 발상지라는 명성에 기대와 긴장이 교차했다.

도시 중심에 들어서자, 두오모 성당과 조토의 종탑, 산타크로체성당, 단테의 생가, 베키오 궁전이 줄지어 나타났다. 한 걸음 한 걸음 걸을 때마다 수백 년의 시간이 내 발 아래 깔리는 듯했다. 타오르는 태양 아래 걷는 길은 힘겨웠지만, 그 열기는 눈앞에 펼쳐진 예술과 역사의 장관 앞에서는 오히려 작은 배경에 불과했다.

점심으로 맛본 파스타와 스테이크는 담백하면서도 달콤했다. 잠시 쉬며 음식에 젖은 향과 맛을 음미하자, 피렌체의 예술적 영혼이 내 안으로 스며드는 듯한 느낌이 들었다.

오후 4시가 넘어 다시 버스에 몸을 싣고 베니스Venezia를 향했다. 3시간 남짓 달린 끝에 마주한 베니스는 말 그대로 물 위의 도시였다. 운하와 다리가 얽혀 빚어낸 신비로운 풍경이 눈앞에 펼쳐졌다.

저녁은 한식당에서 간단히 해결했다. 부부 네 쌍이 한 테이블에 앉으면서 미묘한 긴장감이 흐르기도 했지만, 마루라가 음식을 챙기는 순간 잠시 생긴 서늘한 공기도 곧 잦아들었다.

숙소인 포이트 호텔은 깔끔
하고 아늑했다. 창밖으로 베니
스의 밤공기가 은은히 스며드
는 가운데, 하루를 무사히 마무
리한 안도감이 마음을 채웠다.
그렇게 피렌체와 베니스에서
의 하루가 저물었다.

## 이탈리아 - 베니스

물의 도시 베니스에서 하루가 밝았다. 호텔 조식은 소박했다. 식빵과 달
걀, 커피와 우유. 부족했지만, 낯선 도시의 공기와 새벽 햇살이 어우러져 오
히려 특별하게 느껴졌다. 가이드는 아침부터 피렌체와 베니스를 자랑하듯
설명을 이어갔고, 여행객들 사이에 잔잔한 웃음이 번졌다.

1시간 남짓 버스를 타고 유람선 선착장에 도착했다. 베니스는 118개의 섬
이 맞물려 만들어진 도시였다. 중세 때 흉노족을 피해 사람들이 바다 위에
인공섬을 쌓아 올린 것이 그 시작이라고 했다. 두칼레 궁전과 산마르코 성
당, 광장을 거닐며 고딕 양식의 장엄함과 섬세함에 마음이 깊이 흔들렸다.

좁은 골목 사이로 스며드는 바다 냄새와 물빛, 그리고 관광객들의 소란스러운 웃음마저 이 도시에 스며드는 듯했다.

"옵션 관광은 꼭 해야 한다"라는 가이드의 말이 귓가를 스쳤지만, 나는 마음속으로 살짝 접었다. 여행은 강요가 아니라, 마음으로 담는 일이었다. 그래서 나는 천천히, 내 속도대로 도시를 걸었다.

점심은 노벤타 아울렛에서 자유롭게 해결했다. 햄버거 한 입, 길거리에서 산 반바지를 입고 거니는 순간, 오히려 여행의 여유가 진하게 느껴졌다. 여행의 본질은 때로 화려함보다, 이런 소소한 자유와 순간 속에 있다는 걸 새삼 깨달았다.

오후에는 3시간을 달려 밀라노 외곽으로 이동했다. 저녁을 간단히 해결하고 숙소인 우나 호텔 바레세에 도착했다. 지금까지 머문 곳 중 가장 편안하고 쾌적했다. 창밖으로 밀라노의 저녁 하늘이 잔잔히 물드는 모습을 바라보며, 내일이면 드디어 스위스 알프스를 만날 수 있다는 생각에 마음이 설렜다.

## 스위스 - 루체른

우나 호텔 창밖은 청명하게 맑았다. 든든한 아메리칸 스타일 조식을 마치고 버스에 올랐다. 오늘의 목적지는 스위스 인터라켄. 도로를 달리며 창밖 풍경이 바뀌는 것을 보는 것만으로도 이미 마음이 설렜다.

3시간쯤 달렸을까, 루체른Luzern에 도착했다. 마치 엽서 속 풍경이 현실로 펼쳐진 듯했다. 카펠교의 목재 아치, 빈사의 사자상, 잔잔한 호수. 사진보다 훨씬 더 평화롭고 아름다웠다. 11시부터 2시간의 자유시간 동안, 나는 맥주 한 잔과 신선한 야채를 곁들여 점심을 즐기고, 여유롭게 호숫가를 걸었다. 스위스의 자연은 소박했지만, 그 자체로 완벽한 예술 작품이었다.

오후에는 1시간 남짓을 달려 베른Bern으로 향했다. 구시가지의 고풍스러운 골목을 거닐며, 장미공원과 시계탑, 대성당을 차례로 바라보았다. 시간은 멈춘 듯했고, 그 고요 속에서 마음이 차분히 가라앉았다.

저녁 무렵, 인터라켄의 크리스티나 호텔에 도착했다. 그리고 산악지대 특유의 청명한 공기를 마시며 저녁을 먹었다. 호텔 시설은 다소 소박했지만, 높은 물가와 함께 스위스의 현실을 느끼는 또 다른 경험이었다.

멀리 펼쳐진 알프스산맥의 풍경은 내 마음 깊숙이 스며들어, 시원하게 가슴을 열어주었다. 그 순간, 나는 깨달았다. "스위스의 자연이 아름답다"라는 말이 결코 과장이 아님을. 눈으로 보고, 숨으로 느끼고, 마음으로 기억하는 순간이었다.

## 스위스 - 인터라켄

인터라켄Interlaken의 아침은 산골 마을의 숨결처럼 고요했다. 크리스티나 호텔을 나서 역으로 향하는 길, 신선한 공기가 폐 속 깊이 스며들었다. 조금 전까지의 여행 피로가 씻겨 내려가듯, 마음이 한결 가벼워졌다.

산악열차에 몸을 싣자마자 창밖 풍경은 이미 다른 세상으로 안내하고 있었다. 알프스의 웅장한 봉우리들이 차례차례 시야에 들어왔고, 햇살에 부서지는 설산은 그 자체로 한 폭의 그림 같았다. 차창에 비친 내 얼굴에도 설렘과 약간의 긴장감이 묻어났다. 곧 세계의 지붕 위에 설 거라는 사실이 믿기지 않았다.

아이거글렛처Eigergletscher에서 곤돌라로 갈아타고, 드디어 융프라우 정상으로 향했다. 해발 3,454미터. 숨이 차오르고 머리가 무거워지는 고도였지만, 눈앞에 펼쳐진 풍경은 그 모든 불편을 단숨에 지워버렸다. 하늘과 맞닿은 듯한 전망대 위에서 내려다본 플라토 빙하는, '신비'라는 단어 말고는 설명할 길이 없었다. 눈부신 설원과 푸른 하늘이 끝없이 이어져, 마치 세상 끝에 서 있는 기분이었다.

그 순간 가이드가 건네준 신라면 한 봉지가 왜 그토록 반가웠을까. 뜨거운 국물 한 숟가락이 온몸을 데워주며, 한국의 맛이 그리웠던 마음까지 달래주었다. 가격은 사치처럼 비쌌지만, 그 한 그릇의 값어치는 돈으로 따질 수 없었다. 아내는 고산증 탓에 발걸음이 느려졌지만, 나는 그녀의 걸음을 천천히 맞추며 곁을 지켰다. 함께 본 풍경은 그래서 더 소중했다. 전망대를 돌아본 후, 설렁탕 한 그릇으로 허기를 달랬다. 눈 앞엔 알프스가 있었고, 내 안엔 한국의 따뜻함이 있었다.

오후가 되자 우리는 다시 이동을 서둘렀다. 2시간을 달려 바젤역에 도착, TGV에 몸을 실었다. 창밖 풍경이 빠르게 스쳐 지나갔다. 알프스를 뒤로하고, 이제 파리로 향하는 길. 52시간 후면 다시 집으로 돌아간다니, 마음 한 켠에서 아쉬움이 짙게 밀려왔다.

저녁이 되서야 파리Paris에 도착했다. 지연된 TGV 탓에 저녁은 한식 도시락으로 간단히 해결해야 했지만, 그것조차 반가운 '집의 맛'이었다.

밤 10시 반쯤에 호텔 키리아드 부르제 센터 파르크 엑스포에 도착하며 하루가 마무리되었다. 내일부터는 파리에서의 2박 3일, 또 다른 이야기가 시작된다.

## 프랑스 - 파리

파리의 아침. 우리가 머문 호텔은 작고 소박한 비즈니스 호텔이었다. 테이블엔 일회용품은 없는 단출한 조식(빵 두 조각, 커피, 우유, 주스)이었지만, 낯선 도시에서 맞는 첫 아침이라는 사실만으로 특별하게 느껴졌다. 창밖으로 쏟아지는 햇살과, 아직 잠이 덜 깬 듯한 거리 풍경이 마음을 살며시 깨웠다.

우리는 개선문<sup>Arc de Triomphe</sup>을 향해 길을 나섰다. 파리의 러시아워는 역시 예상보다 강렬했다. 100년 전 세워진 건축물과 현대의 혼잡한 교통이 묘하게 얽혀 있었고, 낡은 건물 사이로 분주히 움직이는 사람들과 차들의 발걸음이 리듬을 만들어냈다. 그 속에서 나폴레옹의 전승 기념으로 세워진 개선문 앞에 서자, 역사와 영광이 묵직하게 다가왔다.

상젤리제 거리, 에펠탑, 트로카데로 광장까지 이어지는 길 위에서, 나는 파리가 왜 '빛의 도시'인지 절실히 느꼈다. 거리를 가득 채운 사람들, 카페의 향기, 돌바닥을 두드리는 발걸음 소리까지 모든 것이 살아 숨 쉬고 있었다.

점심은 닭고기 프랑스 요리였다. 50명이 앉은 큰 식당이었지만, 남녀 공용 화장실 때문에 잠시 불편함이 있었다. 그러나 파리의 고풍스러운 분위기와 주변 풍경 속에서 그 불편은 금세 잊혔다.

오후에는 세계에서 가장 화려하다는 베르사유 궁전<sup>Palace of Versailles</sup>을 둘러보았다. 르네상스의 걸작들이 가득한 공간 속에서 시간은 느릿하게 흘렀고, 궁전의 웅장함에 숨이 멎을 듯했다. 아내가 구매한 컵을 실수로 깨뜨리는 작은 사건도 있었지만, 궁전의 장엄함이 그 아쉬움을 고요히 달래주었다.

그 후 에펠탑 중간, 57m 지점에 올라 파리 시내를 내려다보았다. 빗방울이 내려 시야는 다소 흐렸지만, 도시 전체가 거대한 박물관처럼 펼쳐져 있었다. 눈앞에 펼쳐진 파리의 풍경은, 마치 세상 모든 시간이 한곳에 모여 있는 듯했다.


저녁이 되어 우리는 센강 유람선에 올랐다. 반짝이는 에펠탑의 조명과 잔잔히 흐르는 강물이 함께 어우러지며, 서유럽 여행이 이제 막바지에 다다랐음을 실감하게 했다. 마음 한켠이 뭉클해졌다. 저녁은 순두부찌개로 따뜻하게 마무리하며, 밤 10시 호텔로 돌아왔다. 내일이면 파리에서의 마지막 날, 그리고 또 다른 이야기가 시작될 것이다.


## 서유럽에서의 마지막 날


여행의 마지막 날 아침이 밝았다. 엊그제 막 출발한 것 같은데 벌써 마지막 일정이라니, 시간은 믿을 수 없을 만큼 빨리 흘러갔다.

호텔에서 서둘러 출발해 다시 베르사유 궁전으로 향했다. 세계에서 가장 화려하다는 그 명성은 결코 과장이 아니었다. 다빈치의 걸작과 수많은 조각상이 궁전 곳곳을 장식하고 있었고, 그 장엄함 앞에 서자 마음이 저절로 벅차올랐다. 오래도록 숨을 고르며 작품 하나하나를 눈에 담았다.

베르샤유 궁전을 둘러본 이후 우리는 몽마르뜨Montmartre 언덕으로 향했다. 해발 170m, 작지만, 독특한 매력을 가진 이 언덕 위에 우뚝 선 사크레쾨르 성당Basilique du Sacré-Cœur de Montmartre은 고즈넉하고 평화로웠다.

반 고흐와 수많은 예술가가 이곳에서 예술혼을 불태웠다는 이야기는 더욱 특별하게 다가왔다. 1830년에 세워진 사크레쾨르 성당과 조선 영·정조 시대의 풍경을 마음속으로 겹쳐 생각해 보며, 신구가 교차하는 역사의 시간을 느낄 수 있었다.

파리 시내 전체가 하나의 거대한 예술 작품처럼 느껴졌다. 간판 하나, 건물 하나에도 규제가 있다는 설명에 고개가 끄덕여졌다. 도시 전체가 세심하게 가꿔진 미술관 같았다.

점심으로 맛본 달팽이 요리는 생소했지만, 파리에서만 느낄 수 있는 특별한 맛이었다. 오후 내내 몽마르트르 언덕을 천천히 걸으며, 파리의 풍경과 소리, 공기 하나하나를 마음에 담았다.

우리는 늦은 오후가 되어서야 드골 공항에 도착했다. 짐을 챙기고 출국 수속을 마치며, 다시 이 도시를 떠난다는 사실이 실감 났다. 아시아나 항공에 몸을 실었다. 창밖으로 파리의 빛과 그림자가 점점 멀어지는 것을 바라

　　　　　　　　　　　　2부 - 길 위에서 다시 태어나다

보며, 이번 여행이 내 마음속에 남긴 울림을 곱씹었다.

8박 10일의 서유럽 여행은 그렇게 막을 내렸다.


여행은 끝났지만, 내 안에는 새로운 세상이 열렸다. 그곳에서 보고 느낀 것들은 단순한 기억을 넘어, 앞으로의 삶에 작은 등불이 되어줄 소중한 추억으로 오래 남을 것이다.

# 5장. 신들의 땅, 인도 여행기

인도

## 인도 델리

비행기 문이 열리자마자, 뜨거운 공기가 밀려들었다. 그 무게감은 곧장 내 가슴을 짓눌렀다. 숨이 턱 막히는 열기, 섭씨 45도. 거대한 사우나 속에 발을 들여놓은 듯했다.

순간 "내가 정말 제대로 온 게 맞을까?" 하는 의문이 잠시 스쳐 갔다.

공항을 빠져나와 처음 마주한 풍경은 낯설지 않았다. 가난, 혼란, 무질서. 동남아 여러 나라에서 이미 본 적 있는 그림이었다. 그러나 인도는 어딘가 묘하게 달랐다. 익숙한 풍경 너머로 설명하기 어려운 무게가 느껴졌다.

"이곳은 여행지가 아니다. 순례지다."

불교와 힌두교의 뿌리가 켜켜이 겹겹이 쌓인 이 땅은, 나를 단순한 여행자가 아니라 오래전부터 불려 온 나그네로 맞이하고 있었다.

## 자이푸르 - 잃어버린 시간 속의 도시 자이푸르

첫날밤은 델리Delhi의 '코트야드 바이 메리어트' 호텔에서 보냈다. 차갑게

내리쬐는 에어컨 바람 속에서야 비로소 숨이 고르게 쉬어졌다. 하지만 그 평온은 오래가지 않았다.

이튿날 새벽, 우리는 다시 길 위에 올랐다. 목적지는 자이푸르<sup>Jaipur</sup>. 덜컹거리는 차 안에서 다섯 시간 반을 달려 도착한 그곳은, 마치 백 년 전으로 시간을 거슬러 올라간 듯한 도시였다.

자이푸르는 '핑크 시티'라 불렸다. 영국 왕자의 방문을 기념해 분홍빛으로 칠한 건물들이 지금도 거리 곳곳을 물들이고 있었다. 석양빛을 머금은 듯 은은한 분홍은, 더위 속에서도 묘한 따스함을 품고 있었다.

천문대 잔타르 만타르<sup>Jantar Mantar</sup> 앞에 섰을 때, 나는 순간 말을 잃었다. 벽돌과 몰타르만으로 세워진 이 거대한 천문 장치가 18세기에 만들어졌다는 사실이 믿기지 않았다. 자이싱 2세가 하늘을 읽기 위해 남긴 이 유산은 정밀함과 상상력이 동시에 빛나고 있었다. 땀이 얼굴을 타고 흘러내렸지만, 감탄은 멈추지 않았다.

이어 찾은 '시티 팰리스'와 언덕 위의 '암베르성'은 또 다른 세상의 문을 열어주었다. 미로처럼 얽힌 통로와 섬세하게 새겨진 대리석 장식은 마치 시간이 멈춰 선 듯 고요했다. 돌계단에 발을 올릴 때마다, 찬란했던 인도의 역사가 셔츠 속으로 스며드는 듯했다.

호텔 문을 열면 차가운 에어컨 바람이 천국처럼 쏟아졌고, 한 발짝 밖으로 나서는 순간 다시 뜨겁고 숨 막히는 지옥이 기다리고 있었다. 인도는 그렇게 극단과 극단을 동시에 살아가는 나라였다.

## 아그라 – 찬란한 유산과 슬픈 그림자

야무나<sup>Yamuna</sup> 강변의 도시, 아그라. 한때 무굴 제국의 수도였고, 지금은 타지마할로 세계인의 발길을 이끄는 곳이다.

먼저 마주한 찬드 바오리<sup>Chand Baori</sup>의 계단형 우물 앞에서 숨이 멎는 듯했다. 깊이 100피트, 3,500개의 계단이 만들어낸 기하학적 질서는 인간의 손길이 빚어낸 예술이자 노동의 기록이었다. 차가운 돌 사이로 스며든 세월을 떠올리자, 저절로 마음이 숙연해졌다.

파테푸르 시크리<sup>Fatehpur-Sikri</sup>에서는 황제 악바르의 발자취를 따라 걸었다. 붉은 사암의 벽, 흰 대리석의 정원, 정교한 조각 하나하나가 그 시대의 찬란함을 증명하고 있었다. 그러나 아이러니하게도, 그 화려한 수도는 단 14년 만에 버려졌다고 한다. 화려함의 이면에는 늘 인간의 한계와 허망함이 어른거렸다.


그리고, 타지마할Taj Mahal

아침 햇살이 흰 대리석 돔에 내려앉는 순간, 내 시선도, 마음도 멈추었다. 샤자한이 사랑하는 부인을 위해 22년간 세웠다는 무덤. 그 앞에 서니 인간의 사랑이 이토록 아름답고 위대한 것이 될 수 있다는 사실이 처음으로 실감났다.


'죽음보다 오래가는 사랑이 정말 존재할까?'

그 물음은 인도의 태양처럼, 뜨겁게 내 가슴 깊은 곳에 남았다.


## 붉은 성, 그리고 흰 감정 아그라 성


야무나 강 너머로 바라본 타지마할. 그곳에서 나는 유폐된 황제 샤 자한의 이야기를 들었다. 사랑하는 여인을 위해 세운 영원의 건축물, 그러나 아들의 손에 감금된 채 고독 속에서 생을 마감한 황제, 찬란한 사랑과 쓸쓸한 죽음이 한 사람의 생애 안에 공존한다는 사실은 내 가슴 한켠을 오래 두드렸다.

2부 - 길 위에서 다시 태어나다

델리로 돌아오는 길, 창밖으로 펼쳐진 평야는 끝을 알 수 없을 만큼 넓었다. 처음에는 이런 땅을 제대로 개발한다면 인도가 곧 세계 최고의 국가가 될 수 있겠다는 생각이 들었다. 하지만 곧 그 생각은 바뀌었다.

문제는 땅이 아니라 사람이었다. 교육, 질서, 그리고 국민 의식. 그것이 없다면 아무리 자원이 풍부해도 빛을 발하지 못한다는 것을 깨달았다. 그 순간, 어린 시절 배고팠던 1970년대 한국이 떠올랐다. 모두가 불가능하다고 여겼지만, 결국 우리는 이뤄냈다. 기적은 눈에 보이는 자원이 아니라, 그것을 믿고 움직인 사람들 안에서 시작된다는 것을 역사가 증명해주었다.

문득, '인도 역시 언젠가는 그렇게 될 수 있지 않을까' 라는, 아직은 먼 길일지라도, 타지마할처럼 영원히 남을 무언가를 품고 있는 땅. 그 가능성이 조용히 내 마음속으로 스며들었다.

## 마지막 밤, 그리고 묵직한 여운

델리에 다시 도착했다. 이 도시는 언제나 두 개의 얼굴을 보여주었다.

먼저 올드 델리. 좁은 골목길에는 여전히 혼돈이 숨 쉬고, 수많은 인파와 소리, 향신료 냄새가 뒤섞여 어지럽다. 하지만 그 속에는 전통과 무굴 제국의 그림자가 겹겹이 쌓여 있어, 오래된 도시만이 품을 수 있는 깊이가 느껴진다.

그리고 뉴 델리New Delhi. 영국 식민지 시절 계획된 행정도시답게 거리는 반듯하게 뻗어 있고, 인디아 게이트와 라즈파트 거리는 거대한 권위와 질서를 드러낸다. 한 도시 안에서 이렇게 다른 시간과 표정이 공존한다는 사실이, 델리를 더욱 복잡하고 매혹적인 도시로 만든다.

라즈파트Rajpath 거리를 걸으며 간디 박물관에 들렀다. 작은 전시관 안에는 그의 유품, 빛바랜 사진, 남겨진 책들이 고요히 놓여 있었다. 허름한 안경, 단출한 의복, 짧은 편지 한 장이 전하는 울림은 화려한 유산보다 훨씬 깊었다. 모든 것을 내려놓은 사람이야말로 가장 위대한 정신을 남긴다는 사실, 그 단순한 진리를 그의 흔적이 조용히 말해주고 있었다. 나는 한동안 발걸음을 떼지 못했다.

연꽃 모양의 바하이 사원에 들어서자 전혀 다른 세계가 열렸다. 종교를 초월한 공간이라는 말처럼, 기도하는 이들의 얼굴에는 경계가 없었다. 나직한 침묵 속에서, 각자의 신에게 말을 건네듯 앉아 있는 모습은 내 마음에도 알 수 없는 평온을 번지게 했다. 외부의 소음과 뜨거운 열기는 이곳의 적막 앞에서 잠시 사라진 듯했다.

그러나 인도의 하늘은 늘 변덕스럽다. 갑작스레 쏟아지던 소나기가 금세 걷히고, 이내 눈 부신 햇살이 거리를 다시 달구었다. 우리는 다시 열기와 군중 속으로 발을 들여놓았다. 하지만 마음속에는 여전히 간디의 단순한 삶과 바하이 사원의 침묵이 잔잔한 물결처럼 남아 있었다.

## 인도를 떠나며

4박 6일, 시간으로는 짧았지만, 마음에는 깊게 남은 여행이었다.

나는 불교를 믿는 한 사람으로서, 인도라는 땅을 밟는 순간마다 새로운 감정을 배웠다. 혼란스러워 보이는 거리 속에도 나름의 질서가 있었고, 느릿느릿 걷는 사람들의 발걸음 속에는 절대 멈추지 않는 생의 흐름이 있었다. '빨리빨리'를 당연하게 여기던 나에게, 그들의 느린 리듬은 낯설지만 곱씹을수록 필요한 삶의 속도처럼 다가왔다.

비행기에 오르며 창밖으로 물러나는 인도의 대지를 바라봤다. 다시 온다면 아마 겨울이 좋을 것이다. 하지만 계절보다 중요한 건 그곳에서 배운 감정, 내 안에 여전히 뜨겁게 살아 있는 인도의 숨결이었다.

언젠가 다시 올 그날까지, 내 안의 인도는 사라지지 않을 것이다. 오히려 시간 속에서 더 또렷해지고, 나를 천천히 움직이게 하는 또 하나의 나침반으로 남아 있을 것이다.

# 6장. 초원을 걷는 마음
## -여행작가들과 함께한 몽골 탐방기

울란바타르-오브르항가이-고비알타이-호보드-타왕보그드-말친산-울기

## 함께 떠날 용기

"이제 친구들과의 여행은 익숙해졌습니다. 낯선 사람들과 어깨를 나란히 해보면 어떨까요?"

지인의 권유로 받아 든 한 장의 여행 기획서. 그 여행에는 전문 작가, 사진가, 문화 해설가, 그리고 일반 참가자들이 함께한다고 적혀 있었다. 각기 다른 사람들이 15일간 몽골을 여행하며 서로의 시선과 이야기를 나눈다는 설명이었다.

익숙한 편안함을 버리고 새로운 시선으로 들어간다는 건 말처럼 쉽지 않았다. 나는 잠시 망설였다. 하지만 어쩌면 지금이 아니면 할 수 없는 경험이라는 생각이 마음을 흔들었다.

첫날은 제주도에서 함께 온 지인과 게스트 하우스에서 하루를 보냈다. 몽골은 우리나라와 유난히 친근한 나라다. 인구 300만 중 약 30%가 한국을 다녀갔다고 한다. 수도 울란바토르에는 한국 편의점이 골목마다 자리 잡고 있었고, 간판마저도 한국과 똑같았다. 낯선 듯 익숙한 풍경에 묘한 기분이 들었다.

## 게르에서의 첫날밤

공항에서 마주한 동행들은 예상보다 조용했다. 누구도 먼저 다가오지 않았지만, 각자의 눈빛 속에는 공통된 마음이 있었다. 알고 싶고, 보고 싶고, 기록하고 싶다는 갈망.

첫 게르 캠프에서의 밤, 여행 작가 중 한 명이 조용히 말했다.

"몽골을 본다는 건, 자연을 보는 게 아니라 인간의 작음을 마주하는 겁니다."

나는 그 말에 고개를 끄덕였다. 끝없이 펼쳐진 초원 앞에서, 우리는 모두 작은 존재일 뿐이었다.

## 진짜 여행 작가가 되기

게르에서 보낸 이틀 동안, 작가들은 말보다 관찰에 집중했다. 한 작가는 무표정한 듯 보이는 유목민의 얼굴에서 하루치의 이야기를 읽어냈고, 사진가는 새벽빛이 게르 지붕에 닿는 순간을 조용히 포착했다.

나 역시 감각을 열어두었다. 바람 소리에 귀를 기울이고, 말발굽 소리를 글자처럼 받아 적었다. 이 여행의 묘미는 '보고, 찍고, 말하는 것'이 아니었다. '느끼고, 기다리는 것'이었다.

330km를 달려가는 버스 안, 나는 필기장을 열고 적었다.

"말없이 함께 가는 사람들이 좋다. 적당한 거리, 깊은 시선. 그게 이 여행의 품격이다."

그러나 시간이 흐를수록 우리는 점점 가까워졌다. 3일 동안 600km를 버스로 이동하면서, 단순한 동행은 친구가 되어 갔다. 창밖으로는 끝없는 초원만 펼쳐졌다. 한국처럼 산이 많은 나라가 아니었다. 오직 하늘과 땅, 그리고 바람만이 존재했다.

동행들은 제각기 다른 삶을 살던 사람들이었다. 여행 작가가 본업이 아닌 사람도 많았다. 소방관, 여행사 직원, 전직 교사, 문화 해설사, 요리사까지. 시간이 갈수록 서로의 이야기를 나누며 정이 붙고, 친근감이 깊어졌다.

길을 달리다 쉬는 시간에는 늘 화장실이 문제였다. 노천 화장실. 남자들은 그럭저럭 해결했지만, 여성들은 가릴 곳을 찾아야 해서 불편이 컸다. 그조차도 시간이 지나자 웃음 섞인 추억이 되었다.

가이드는 말했다.

"몽골은 한국의 15배 크기입니다."

그 광활한 땅을 달리며, 우리는 진짜 몽골의 속살을 보러 가는 중이었다. 쉬는 순간마다 풍경을 관찰하고, 사진을 찍고, 식사는 현지 음식으로 채웠다.

## 나담 축제

나담Naadam 축제는 단순한 구경거리가 아니었다. 한 여행 작가는 말했다.

"유목의 DNA는 몸의 기억입니다. 우리는 기록하고, 그들은 살아냅니다."

나는 작가들의 뒤를 따라다니며 유목민과 말을 관찰했다. 씨름 경기에서 패한 청년이 고개를 들고 웃는 장면, 활을 쏘는 소년의 진지한 눈빛을 조심스레 노트에 옮겼다.

어느 순간, 나도 기자가 된 기분이었다. 이곳은 하나의 풍경이 아니라 한 시대의 단면이었다.

몽골 유목민들은 말을 아주 능숙하게 탄다. 어린 시절부터 말을 타기 때

2부 - 길 위에서 다시 태어나다

문에, 나담 축제 때는 10km가 넘는 경주를 소화한다. 나담 축제는 몽골 정부가 지정한 국가적 행사로, 전국 각지에서 열렸다. 축제를 바라보며 나는 생각했다. 단순히 경기를 보는 것이 아니라, 그들의 삶과 문화를 마주하는 순간이었다.


## 타반보고드 국립공원 트레킹과 말친산


타반 보그드 국립공원Altai Tavan Bogd National Park의 트레킹은 몸과 마음의 경계선을 무너뜨리는 시간이었고, 말친산Malchin peak 정상 100미터 앞에서 멈춘 이유가 있었다.


그날 새벽, 베이스캠프의 천막은 거센 바람에 퍼덕였다.

나는 해가 뜨기 전, 이른 기상에 맞춰 장비를 챙겼다. 헤드랜턴 불빛이 나의 숨결을 비추며 앞장섰고, 고요한 하늘 아래 등반이 시작되었다.

해발 4,000미터. 숨은 거칠고 발걸음은 점점 느려졌다. 하지만 멈출 수 없었다. '끝까지 해내자.' 그게 내 마음속 북소리였다.


주변 지인들도 하나둘씩 침묵을 삼켰다. 말 대신 숨소리가 동료가 되고,

발소리가 대화가 되었다. 서로 힘든 줄 알면서도, 누구 하나 멈추자는 말을 꺼내지 않았다. 그렇게 우리는 말없이 한 걸음 한 걸음을 쌓아가며 정상을 향했다.

그러나 말친산은 너덜길로, 한 번 미끄러지면 30미터 아래로 떨어질 위험이 있는 길이었다. 올라온 길을 반복하며 오르기를 이어야 했다. 정상 눈앞에 다다랐을 때, 뒤에서 흐느끼는 소리가 들렸다. 돌아보니 한 여성 대원이 무릎을 꿇고 있었다. 눈이 휘둥그레지고, 입술은 푸르스름했다. 고산병이었다.

모두 멈춰 섰다. 정상까지 단 100미터. 말 그대로 몇 걸음이면 되는 거리였지만, 그녀에게 그 몇 걸음은 절망의 벽이었다. 나는 두 가지 길을 보았다. 하나는 정상을 향해 오르는 길, 또 하나는 그녀와 함께 내려오는 길. 그녀는 나를 붙잡지도 않았고, 말리지도 않았다. 다만 떨리는 어깨와 그 눈빛이 말했다.

"무섭다. 두렵다. 혼자 남겨지기 싫다."

나는 고개를 돌렸다. 입술을 깨물고 배낭을 조정했다.

"나랑 같이 내려가요."

지인들의 눈빛이 머물렀다. 누구도 내 결정을 말리지 않았다. 단지, 그 짧

은 침묵 속에서 모두 무언가를 느꼈을 것이다.

그렇게 우리는 100미터를 내려왔다. 그녀는 몇 걸음마다 숨을 헐떡였고, 나는 뒤에서 등산 스틱으로 발걸음을 받쳐주었다. 정상은 오르지 못했지만, 그날 나는 마음속에서 무언가를 이루었다. 누군가의 두려움을 함께 짊어지고 돌아서는 일. 그것도 하나의 '정복'일 수 있다는 걸, 그 산이 알려주었다.

타반보고드 말친산은 몽골 서부 알타이산맥Altaï에 위치하며, 몽골에서 가장 높은 산이다. 최고봉인 후이텐 봉Hüiten Peak은 4,374미터. 알타이산맥에는 영구설과 빙하가 있으며, 몽골·러시아·중국 세 나라 국경이 만나는 지점 근처에 있다. '타반 보고드Tavan Bogd'는 '다섯 성스러운 봉우리'를 뜻하며, 후이텐 봉 외에도 나머지 네 봉우리가 함께 있다.

말 위에서 한 작가가 말했다.
"여행의 진심은 발바닥에 있다. 걷고, 부딪치고, 내려놓는 것."

나는 허벅지에 긴장감을 주며 말의 걸음을 따랐다. 바람은 차고, 하늘은 높았다. 대자연 앞에서 누구나 겸손해질 수밖에 없었다. 내 안의 작은 소음들이 사라졌다.

이 조용한 몰입, 그것이 몽골이 준 가장 큰 배움이었다.

스크란 호수의 밤, 차가운 공기 속에서 사진작가들은 별을 담으려 삼각대를 조정하고 카메라 설정에 몰두했다. 나는 그들이 담아내려는 순간을 쫓기보다, 그저 호수 위로 쏟아지는 별빛을 눈과 마음에 담았다. 광각 렌즈와 장노출이 만들어내는 장엄한 아름다움 속에서도, 나는 오직 나만의 시선으로 우주를 느꼈다.

한 작가가 조용히 물었다.
"사장님은 왜 이런 여행을 선택하셨어요?"
나는 잠시 미소 지으며 대답했다.
"어떤 인생을 살아왔는지도 중요하지만, 어떤 눈으로 마무리하느냐도 중요하니까요."

그날 밤, 나는 작은 종이쪽지에 글을 적었다.
'내 인생도 한 장의 사진처럼 남겨질 수 있다면, 지금 이 순간이 중심이면 좋겠다.'

별빛 아래에서, 나는 내 삶의 프레임을 새롭게 잡았다.

지나온 길도, 앞으로 걸어갈 길도, 이 한 장의 순간 속에서 조용히 연결되었다.


## 게르 초대


우리는 몽골의 광활한 초원 한가운데, 말 사냥꾼의 게르로 초대받았다. 검게 그을린 손, 갈라진 입술, 굽은 어깨. 세월의 흔적이 온몸에 새겨져 있었지만, 그의 눈빛은 놀랍도록 유연했고 단단했다. 통역을 통해 전해진 그의 말이 마음 깊이 스며들었다.

"말은 자연을 거스르지 않습니다. 인간만 거스르죠."


저녁이 되자, 우리는 손수 잡은 송어를 불 위에 올렸다. 은빛 비늘이 반짝였고, 지글거리는 소리와 함께 자연의 숨결이 코끝을 스쳤다. 모닥불 앞에 앉아 고개를 들어 하늘을 바라보면, 별빛은 그야말로 셀 수 없이 쏟아졌다. 아무 말 없이 앉아 있어도, 그 순간만큼은 충분했다. 자연이 내게 말하는 것 같았고, 인간이 겸손해야 할 이유를 가르쳐주는 듯했다.


한 작가는 이 장면을 "자연 다큐의 클로징 장면 같다"라고 표현했다. 나

는 속으로 생각했다.

'그럼 나는 그 다큐의 마지막 해설자쯤 될까?'

불빛과 별빛, 초원의 바람 속에서 나는 다시금 깨달았다. 인간은 자연 앞에서 겸손해야 하고, 속도를 늦추고 숨을 고를 줄 알아야 한다는 것을. 몽골의 밤, 그 광활함 속에서 나는 또 한 번, 세상의 크기와 인간의 작음을 가슴으로 느꼈다.

## 늦게 배운 용기

울란바토르 공항Chinggis Khaan International Airport으로 돌아오던 날, 작가들이 내게 한 장의 사진을 건넸다. 트레킹 중 초원 위를 달리는 내 뒷모습이 담긴 사진이었다. 바람에 흩날리는 머리칼, 넓게 펼쳐진 초원, 그리고 조금은 긴장된 내 어깨.

"이 사진 제목을 붙인다면요?"
나는 잠시 눈을 감고 천천히 말했다.
"늦게 배운 용기."

그 한마디 속에 지난 여행의 모든 순간이 스며 있었다. 말 위에서 느낀 자유와 두려움, 초원과 하늘을 오롯이 마주한 시간, 그 모든 경험이 나를 조금 더 단단하게 만들었다. 작가들의 시선과 태도는 이제 내 일상 속으로 스며들었고, 나는 문득 나만의 여행기를 써보고 싶다는 생각까지 했다.

삶의 후반부에도 우리는 배울 수 있고, 기록할 수 있으며, 달라질 수 있다는 것. 몽골의 초원은 내게 그것을 조용히, 그러나 강렬하게 알려주었다.

# 7장. 바람에서 눈으로, 중앙아시아의 길 위에서

중앙아시아

중앙아시아는 아직 여행이 성숙해 있는 나라는 아닌 것 같았다. 카자흐스탄과 키르기스스탄을 10일 동안 여행했는데, 이동 거리가 너무 많아 차량에서 보내는 시간이 많았다.

중앙아시아는 1991년 소련으로부터 독립한 나라들로, 여러 유목 민족이 어우러져 살고 있으며 한민족과는 거리가 있다. 러시아, 중국, 중동, 유럽과 연결되는 전략적 요충지이며, 경제 구조는 천연자원(석유, 천연가스, 광물)과 농업 중심이다.

1937년 스탈린에 의해 연해주에 거주하던 한인 약 17,000~50,000명이 중앙아시아, 주로 카자흐스탄과 우즈베키스탄으로 강제로 이주되었다. 이는 국경 근처 한인 사회 제거, 정치적 통제 강화, 일본의 잠재적 위협 제거라는 명목 아래 이루어졌다. 한민족의 아픈 역사의 현장이 바로 '중앙아시아'이다.

인천공항에서 카자흐스탄 알마티 공항까지는 약 6시간이 소요되며, 아시아나항공과 이스타항공이 직항으로 운행하고 있다. 카자흐스탄의 알마티는 옛 수도이자 경제·문화의 중심 도시이다. 여행은 이곳 알마티에서 시작된다.

                 2부 - 길 위에서 다시 태어나다

처음 발을 디딘 곳은 알틴에멜 국립공원Altyn-Emel National Park, 그 안에 자리한 '노래하는 사막Singing Dune'이었다. 알마티Almaty에서 차로 4시간, 그리고 다시 오프로드를 40분 달려야 닿을 수 있는 곳. 도로가 끝나고 흙먼지가 날리기 시작하자, 드디어 내가 사막에 왔다는 실감이 들었다.

모래 언덕의 높이는 약 200m, 전체 길이는 3km 정도라 했지만, 막상 걸어보면 그 몇 배는 되는 것처럼 느껴진다. 발이 푹푹 빠지고, 불어오는 바람은 모래를 일으켜 얼굴에 스친다. 그래도 이상하게도 그 거친 감촉이 싫지 않았다.


바람이 사구를 스치며 내는 소리는 신기했다. 마치 지구가 숨을 쉬는 소리처럼, 낮게 '웅-' 하고 울렸다. 그래서 이곳의 이름이 '노래하는 사막'이다. 바브바크 사막이라 불리는 이곳은 바람이 악기가 되어 사막을 연주하는 장소였다.

고운 모래 위를 맨발로 걸으며 느낀 감각은 이국적이면서도 묘하게 편안했다. 두 시간 남짓 걸려 정상에 오르니, 끝없이 펼쳐진 사구와 먼 산맥이 이어졌다.

그 순간, 세상은 단순한 빛과 그림자의 풍경으로만 존재했다.


다음 날 아침, 사막 근처에서 하룻밤을 묵은 뒤 우리는 차른 협곡Charyn

2부 - 길 위에서 다시 태어나다

Canyon 으로 향했다. 차로 4시간 남짓, 먼지가 자욱한 길 끝에서 마침내 협곡의 붉은 벽이 모습을 드러냈다. 카자흐스탄의 '그랜드 캐니언'이라 불릴 만큼 웅장한 바위의 벽들은 태양 빛을 받아 불타오르는 듯했다.

차른 강이 만든 154km의 협곡은 수백만 년의 세월이 빚은 조각품이었다. 사암층이 겹겹이 쌓여 만들어낸 무늬는 마치 고대 문명의 비문 같았다. '캐슬 계곡Valley of Castles'이라 불리는 구간은 이름 그대로였다. 바위들은 성곽처럼 솟아 있었고, '가디언스 오브 타임Guardians of Time'이라 불리는 바위기둥들은 거대한 수호자처럼 서 있었다.

푸루공 차를 타고 협곡 안을 달리며, 나는 그 거대한 시간의 벽 사이를 여행하는 기분을 느꼈다. 인간이란 존재가 얼마나 작은가, 그러나 '그 작음 속에서도 세상을 바라볼 수 있다는 건 얼마나 큰 축복인가?' 그런 생각이 문득 들었다.

세 번째를 향한 곳은 콜사이 국립공원Kolsai Lakes National Park. 이번 여행의 하이라이트라 할 만한 곳이었다. '카자흐스탄의 알프스'라 불리는 이 지역은, 이름처럼 청정하고 평화로웠다. 차른 협곡에서 약 2시간을 더 달려 도착한 호수 앞에서 나는 잠시 말을 잃었다.

햇빛이 각도에 따라 달리 반사되며, 호수의 색이 청록에서 에메랄드빛으로 변했다. 물 위에 비친 구름이 느릿하게 흘렀고, 주변에는 침엽수가 바람에 흔들리며 잔잔한 소리를 냈다.

콜사이에는 세 개의 주요 호수가 있다. 가장 아래의 1호수는 접근성이 좋아 가족 여행객이 많고, 2호수는 조금 더 깊숙이 들어가야 하지만 풍경이 더 장대하다. 3호수는 해발이 가장 높아, 그곳에 이르려면 트레킹 장비가 필요하다고 했다. 나는 그중에서도 2호수에서 오래 머물렀다. 물빛이 유난히 맑고, 마음이 차분히 가라앉는 곳이었다.

호수를 바라보며 이런 생각이 들었다.

"여행이란 마음이 편할 때는 모든 것이 아름답지만, 괴로울 때는 그조차 도 짐이 된다."

사람의 마음이란 풍경을 비추는 거울 같다. 맑으면 세상이 선명히 보이 고, 흐리면 그마저도 흐릿해진다.

카자흐스탄은 남북한을 합쳐도 스물일곱 배나 크다고 했다. 이 끝없는 대지 위를 며칠째 달리며 느낀 건, 공간의 넓음보다 시간의 깊이였다. 바람 이 불고, 모래가 노래하고, 바위가 세월을 품고, 호수가 하늘을 비추는 곳. 그 거대한 자연 속에서 나는 아주 잠시, 한 점의 여행자일 뿐이었다.

내일은 키르기스스탄으로 넘어간다.

또 어떤 바람이, 어떤 풍경이, 나를 기다리고 있을까.

## 키르기스스탄 카라콜 & 제티오구스 여행기

콜사이 호수를 떠나, 이번에는 국경을 넘어 키르기스스탄Kyrgyzstan으로 향 했다.

콜사이에서 키르기스스탄의 도시 카라콜<sup>Karakol</sup>까지는 약 3시간 거리. 중식 후 천천히 출발했더니, 국경을 넘을 즈음엔 해가 기울고 있었다. 국경을 지날 때마다 느끼는 묘한 긴장감, 하지만 이곳의 공기는 한결 부드러웠다. 시차는 카자흐스탄보다 1시간 빠르고, 시간마저 이곳의 리듬에 맞춰 가벼워진 듯했다.

차창 밖으로 펼쳐진 풍경은 조금 전까지의 카자흐스탄과는 확연히 달랐다. 건조하고 넓은 초원의 나라에서, 이곳은 물이 흐르고 산이 살아있는 땅이었다. 키르기스스탄은 국토의 90%가 산지로 이루어져 있어 '중앙아시아의 스위스'라 불린다.

그 이름이 괜히 붙은 게 아니었다. 멀리 보이는 설산은 구름에 닿을 듯 솟아 있고, 산비탈에는 초원이 부드럽게 이어진다. 카자흐스탄의 거친 대지가 바람이라면, 키르기스스탄은 물이었다. 같은 중앙아시아지만, 성격이 완전히 달랐다.

흥미로운 사실 하나. 중앙아시아 나라들 이름 끝에 붙는 '-스탄 stan'은 페르시아어로 '~의 땅'을 뜻한다. 그러니까 카자흐스탄 Kazakh-stan은 '카자흐인의 땅'. 그 이름만으로도 각 민족의 자부심과 역사가 느껴진다.

경제 지표로 보면, 카자흐스탄의 1인당 GNP는 약 15,000달러, 키르기스스탄은 그 3분의 1 정도인 5,000달러 수준이다. 그런데도 실제로 여행하다 보면 물가는 크게 다르지 않다. 소득이 낮아도 지출이 많고, 삶은 여전히 활기차다. 그들이 가진 건 돈보다 '자연'이었다. 그리고 그것이야말로 가장 큰 부(富)처럼 보였다.

카라콜에 도착하니 어느덧 저녁이었다. 첫 방문지는 러시아 정교회 성당.초록빛 지붕 위 십자가가 노을 속에 은은하게 빛났다.

이슬람 인구가 약 90%인 나라에서 러시아 정교회는 소수지만, 그 존재감은 묘하게 단단했다. 러시아와 우크라이나, 독일계 이주민들이 남기고 간 흔적이었다. 목재로 지어진 오래된 성당은 세월의 질감이 고스란히 남아 있었다. 천천히 종탑을 올려다보며, 이 땅의 종교와 문화가 얼마나 복합적인지를 느꼈다.

키르기스스탄 사람들의 신앙은 단순히 종교적이지 않았다. 그들 중 일부는 여전히 샤머니즘과 이슬람이 뒤섞인 전통 신앙을 지닌다고 한다. 기도문 사이로 바람의 언어가 섞여 있는 듯했다. 산과 강, 바람에 신이 깃들어 있다고 믿는 그들의 삶은, 자연과 떨어질 수 없었다.

다음날은 가벼운 트레킹을 위해 제티오구스Jeti-Ögüz 협곡으로 향했다. 이름의 뜻은 '일곱 황소'. 붉은 사암 절벽이 일곱 마리 황소가 누워 있는 듯한 형상이라 붙여진 이름이다.

이식쿨 호수 근처의 협곡은 정말 아름다웠다. 멀리서 보면 붉은 바위들이 불타는 듯했고, 가까이 다가가면 바람에 실려 오는 풀 냄새가 진했다. 협곡 사이로는 푸른 초원이 이어지고, 곳곳에 유르트Yurt라 불리는 전통 유목민의 천막이 자리하고 있었다. 아이들은 말을 타고 달렸고, 어머니들은 천막 앞에서 차를 끓였다. 시간이 느리게 흘렀고, 바람이 산의 노래를 옮겼다.

이곳은 단순한 자연경관이 아니라, 키르기스 사람들에게는 전설과 신화가 깃든 성스러운 장소다. '일곱 황소의 전설'은 용기와 희생의 상징으로 전해진다. 그 이야기를 들으며 붉은 바위를 바라보니, 마치 바위들이 숨을 쉬는 듯한 착각이 들었다.

여행 중 가장 흥미로웠던 건, 음식이었다. 중앙아시아의 식탁은 생각보다 단순하면서도 깊다. 주식은 빵, 그리고 거의 매일 양고기가 등장했다.
유목민의 문화와 농경문화가 함께 녹아 있는 식습관이었다.

대표적인 요리는 다음과 같다.


- 플로프Pilaf: 쌀, 당근, 양고기, 향신료를 듬뿍 넣고 기름에 볶아 만든 볶
음밥. 우즈베키스탄에서 비롯되었지만, 중앙아시아 어디서
나 만날 수 있다.
- 라그만Lagman: 손으로 뽑은 수타면에 고기와 채소를 곁들인 요리. 국물
있는 형태와 볶은 형태 두 가지로 즐긴다.
- 만티Manti: 커다란 찐만두. 속에는 다진 양고기와 양파가 가득 들어 있다.
- 사마사Samsa: 삼각형의 밀빵 속에 고기를 넣고 탄두르 화덕에 구워낸 음
식. 중앙아시아식 고기파이 같은 맛이다.


낯선 향신료와 양고기의 향, 따뜻한 차와 함께한 식사, 그 모든 것이 이
땅의 문화와 맞닿아 있었다. 음식이란 결국 그 땅의 풍경을 먹는 일이라는
걸, 이곳에서 새삼 깨달았다.


국경을 넘고, 언어를 달리하고, 종교와 풍경이 바뀌어도 중앙아시아의
하늘 아래엔 언제나 같은 바람이 불었다. 어쩌면 그 바람이 이 모든 대지를
하나로 이어주는 실처럼 느껴졌다.

카자흐스탄의 사막과 협곡, 그리고 키르기스스탄의 산과 초원, 그사이를 여행하며 나는 점점 '지구'라는 행성의 거대한 숨결에 가까워지고 있었다.

## 산의 품에서 맞은 첫눈

제티오구스Dzeti-Oguz를 산책한 후 우리는 카라콜 시내로 향했다. 가이드는 이곳이 수도 비슈케크 다음으로 큰 도시라 설명했다. 규모는 작지만, 산맥과 호수로 둘러싸인 도시답게 고요한 품이 있었다.

노을이 내리자, 골목길의 나무들이 금빛으로 빛났고, 카페 앞 테라스에는 여행자들이 차를 마시며 하루를 마무리하고 있었다.

다음날, 우리는 카라콜에서 알튼 아라산Altyn Arashan으로 향했다. 직역하면 '황금 온천'. 이름부터 따뜻했다. 하지만 그곳까지의 길은 결코 쉽지 않았다.걸어서 가는 게 아니라, 낡은 푸르공(러시아제 미니버스)을 타고 산길을 오른다.

카라콜에서 약 2시간 반, 험한 길을 구불구불 올라가자, 계곡 사이로 안개가 내려앉고, 나무 사이로 연무가 피어올랐다.

알튼 아라산은 키르기스스탄 동부, 해발 약 2,600~3,900m에 이르는 고산지대다. 산장과 온천, 유르트 캠프가 곳곳에 자리 잡고 있다. 푸르공에서 내려 다시 작은 버스로 갈아타 올라가는데, 비가 내리기 시작했다. 덕분에 계획했던 캠프파이어와 온천은 취소됐고, 빗속의 산장은 더 고요했다.

2부 - 길 위에서 다시 태어나다

창문 밖으로는 안개가 천천히 숲을 덮고, 지붕 위로 떨어지는 빗소리가 마치 자장가처럼 들렸다. 그곳의 풍경은 네팔의 안나푸르나 트레킹 산장을 떠올리게 했다. 고요하고, 조금은 쓸쓸하며, 하지만 묘하게 따뜻한.

우리 일행은 산장에서 쉬어가며 하루를 보내고, 이튿날 아침, 산길을 따라 조용히 하산했다.

내려온 뒤에는 고대의 흔적을 찾아 부라나 타워<sup>Burana Tower</sup>로 향했다. 이곳은 한때 실크로드의 요충지였던 발라사군<sup>Balasağun</sup>의 중심이었다. 9세기 카라한 왕조의 수도로, 문화와 상업의 중심지였다고 한다. 지금은 성곽 터와 무덤, 그리고 외로이 남은 한 개의 탑만이 세월의 긴 강을 건너 이곳에 서 있다.

바람이 탑 주위를 맴돌았다. 손끝으로 거친 벽돌의 질감을 느끼며, 문득 수백 년 전 이곳을 오갔던 상인들과 순례자들을 떠올렸다. 그들은 이 탑을 바라보며, 지금의 우리처럼 길 위에 서 있었을 것이다.

이어서 도착한 곳은 이식쿨 호수<sup>Issyk-Kul</sup>. '따뜻한 호수'라는 뜻을 가진 이름처럼, 이곳은 겨울에도 얼지 않는 신비한 호수다.

2부 – 길 위에서 다시 태어나다

텐산<sup>Tian Shan</sup> 산맥의 품에 안긴 거대한 물빛. 북쪽엔 쿵게이 알라투<sup>Kungey Ala-Too</sup>, 남쪽엔 테르스케이 알라투<sup>Terskey Ala-Too</sup>가 호수를 감싸고 있었다. 세계에서 두 번째로 큰 고산호라 한다. 길이 160km, 폭 60km. 가이드의 설명이 이어졌지만, 그 수치보다 더 인상 깊었던 건 바람이었다. 차가운 산바람이 호수를 스치고, 잔잔한 물결이 햇살을 받아 반짝였다.

유람선을 타고 호수 위를 떠다니며 나는 이곳의 시간 감각이 얼마나 느린지를 느꼈다. 시간이 멈춘 듯했고, 물 위의 모든 것이 잠시 '현재'에 머물렀다.


이식쿨을 떠나 수도 비슈케크<sup>Bishkek</sup>까지는 약 두 시간이 걸렸다. 하지만 도심으로 향하는 길은 심하게 막혀, 결국 수도 관광은 생략됐다. 그래도 창밖으로 스쳐 가는 도시의 모습만으로도 충분했다. 사람들이 모여 사는 곳은 어디서든 따뜻했다.


가이드가 말했다.

"내일 아침엔 국경을 넘어 다시 알마티로 갑니다. 네 시간 걸립니다."

그 말에, 여행의 끝이 가까워졌다는 걸 실감했다.


마지막 여정은 카자흐스탄 알마티<sup>Almaty</sup>.

도착하자마자 찾은 곳은 메데우 빙상경기장 근처의 침블락<sup>Shymbulak</sup> 케이블카였다. 케이블카를 타고 천천히 고도를 높이자, 도시의 풍경이 점점 작아지고, 눈 덮인 봉우리가 가까워졌다. 해발 1,900m 스키 리조트에서 3,600m 만년설 지점까지. 그 순간, 하늘에서 첫눈이 내렸다.

아직 눈이 내릴 시기가 아닌데, 가을과 겨울이 교차하는 풍경이 눈앞에서 펼쳐졌다. 노랗게 물든 나무 위로 하얀 눈송이가 내려앉고, 계절이 서로 손을 맞잡은 듯했다. 그 찰나의 장면이, 이번 여행의 모든 순간을 요약하는 듯했다. 낯섦과 익숙함, 시작과 끝, 따뜻함과 차가움이 공존하는 시간.

여행의 마지막 종착지는 훈족 마을<sup>Hun Village</sup>이었다. 이곳에서는 카자흐스탄의 전통 유목문화를 직접 체험할 수 있었다. 유르트 숙소, 승마, 활쏘기, 말 묘기 공연까지, 시간이 거꾸로 흐르는 듯한 곳이었다.

특히 기억에 남은 건 한 여인이 부르던 노래였다. 시집가는 딸을 위해 부르는 전통가였는데, 그 목소리엔 슬픔과 축복, 그리고 세월의 온기가 함께 담겨 있었다. 낯선 나라의 언어였지만, 그 멜로디는 묘하게 마음을 울렸다.

사막에서 시작된 여정은, 결국 눈 내리는 산으로 끝이 났다. 바람이 불던 땅에서 물이 흐르는 나라로, 다시 눈 내리는 봉우리로... 이 모든 여정이 하나의 큰 원을 그리듯 이어졌다.

돌아오는 길, 나는 문득 이런 생각을 했다.
여행이란 어쩌면 '지리적 이동'이 아니라, '감정의 깊이'를 따라 걷는 일인지도 모른다고.

**이기동 지음 『제주오름의 인생길』**

| | |
|---|---|
| **초판 1쇄 발행** | 2025년 11월 12일 |

| | |
|---|---|
| **지은이** | 이기동 |
| **펴낸이** | 박숙현 |
| **주 간** | 김종경 |
| **디자인** | 윤정아 |
| **펴낸곳** | 도서출판 별꽃 |
| **출판등록** | 2022년 12월 13일 / 제 562-2022-22130호 |
| **주소** | 경기도 용인시 처인구 지삼로 590 CMC빌딩 307호 |
| **전화** | 031-336-8585 |
| **팩스** | 031-336-3132 |
| **E-mail** | booksry@naver.com |

ⓒ 이기동, 2025

| | |
|---|---|
| **ISBN** | 979-11-94112-13-6  03810 |
| **가격** | 18,000원 |